ALTE NIKOLAISCHULE LEIPZIG

E. E. Hochw. Raths
der Stadt Leipzig
Ordnung

Der Schulen zu St. Nicolai

AVSPICIIS BONE CHRISTE TVIS SCHOLA, SVRGIT AMOENA, HAC HONKY ET LAVDES TEMPO IN OMNE TVA.S

E CHRISTO SERVATORI SACRA 1707

Publiciret den 1. Octobr. 1716.

Zum Druck gebracht
Von JOH. THEODORO BOETIO, und zu haben im Durchgange
des Rathhauses in der Boutique zum Contoir-Calender. 1717.

SABINE HOCQUÉL-SCHNEIDER

ALTE NIKOLAISCHULE LEIPZIG

Herausgegeben von der Kulturstiftung Leipzig

mit Beiträgen von
Eberhard Paul, Hans Rohr, Burkhard Damrau, Michael J. Weichert
und Fotos von Gudrun Vogel

EDITION LEIPZIG

Die Publikation entstand mit freundlicher Unterstützung von
Frankfurter Aufbau AG, Frankfurt am Main
Ingenieurbüro Gerold Koch, Bad Liebenzell-Möttlingen
Ingenieurgemeinschaft Dipl-Ing. Lempert, Hannover
Ingenieurgemeinschaft Schmidt Reuter Part., Köln
Ingenieurgemeinschaft Taube/Goerz/Liegat, Hannover
M B M Metallbau Dresden
STRABAG Ingenieurbau GmbH, Leipzig
Trockenbau Schult, Innenausbau, Schkeuditz

Frontispiz:
Titelkupfer der Ratsschulordnung, 1716

Die Deutsche Bibliothek – CIP-Einheitsaufnahme
Alte Nikolaischule Leipzig/hrsg. von der
Kulturstiftung Leipzig.
Sabine Hocquel-Schneider.
Mit Beitr. v. Eberhard Paul ...
und Fotos von Gudrun Vogel.
[Zeichn.: Manfred Küster.] – Leipzig:
Ed. Leipzig, 1994
NE: Hocquel-Schneider, Sabine; Vogel, Gudrun;
Kulturstiftung ⟨Leipzig⟩

© 1994 by Edition Leipzig
Buchgestaltung: Lothar Gabler
Zeichnungen und Signet: Manfred Küster
Reproduktion: Reprocolor GmbH, Leipzig
Satz und Druck: Interdruck Leipzig GmbH
Printed in Germany
ISBN 3-361-00420-9

INHALT

Das Jahr 1989 brachte unserem Land und den Völkern unseres Kontinents einschneidende Veränderungen. Es wird eingehen in die Geschichte als das Jahr der friedlichen Revolution in Europa. Nach vier Jahrzehnten schmerzlicher Trennung und Gegenüberstehen in feindlichen Machtblöcken ergibt sich völlig unverhofft die historische Chance, diese künstlich herbeigeführte Teilung mitten durch jahrtausendealte Kulturen zu überwinden. Daß dieser Weg nicht einfach sein wird nach zwei Generationen in verschiedenen Gesellschaftssystemen, war für jeden aufrichtig Urteilenden klar. Bis heute spüren wir, daß alle weiterhin mit Kraft an der Überwindung der vielzitierten Mauer in den Köpfen zu arbeiten haben.

Die Städte Leipzig und Frankfurt am Main sind in ihren Traditionen und Strukturen historische Schwestern. Beide sind niemals Residenzstadt gewesen, hatten sie doch durch die Jahrhunderte hindurch beispielhafte Bedeutung als Handels- und Messestädte. Ausgeprägter Bürgersinn förderte stets die kulturelle Entwicklung hier wie dort.

Leipzig stieg auf zum geistigen und kulturellen Zentrum der Nation. Frankfurt am Main hingegen diente über Jahrhunderte als Wahl- und Krönungsstadt der deutschen Kaiser.

Am Beginn der neuen partnerschaftlichen Zusammenarbeit, die nach dem Fall der Mauer möglich geworden war, stand die Suche nach einem gemeinsamen Projekt von herausragender Bedeutung und mit Signalwirkung auch für spätere Generationen.

Mit dem Bau des Kultur- und Begegnungszentrums „Alte Nikolaischule" unter der Trägerschaft der gemeinnützigen „Kulturstiftung Leipzig" ist dies, wie ich meine, auf deutliche Art gelungen. Die Stadt Leipzig stellte hierzu die Liegenschaft bereit, die Partnerstadt Frankfurt am Main hat die Sanierungs- und Baumaßnahmen finanziert. Die Anstrengung ist in Zeiten von landesweit leeren öffentlichen Kassen nicht leicht gefallen. Um so mehr freue ich mich, daß das anspruchsvolle Projekt mit gemeinsamer Anstrengung aller Beteiligten nun zu einem erfolgreichen Abschluß gekommen ist. Mein besonderer Dank gilt hierbei der Frankfurter Aufbau AG, die die Maßnahme durch stetige projektbegleitende Koordinierung nachhaltig unterstützt hat.

Dem neuen Kulturinstitut „Alte Nikolaischule" wünsche ich eine rege Frequentierung durch die Bürgerinnen und Bürger von Leipzig und darüber hinaus.

Andreas von Schoeler
Oberbürgermeister der Stadt Frankfurt am Main

Die Alte Nikolaischule ist gerettet. Im September 1994 soll sie offiziell eröffnet und ihrer neuen Nutzung übergeben werden. Damit gewinnt der historische Platz um die Nikolaikirche und wird sicher viele Besucher anziehen.

Das alte Gebäude könnte viel erzählen von der wechselvollen Geschichte unserer Stadt. Ist es ja selbst auf unterschiedlichste Weise genutzt und umgestaltet worden. Wo heute Geschäfts- und Messehäuser das innerstädtische Leben prägen und nach Dienstschluß kaum noch Menschen wohnen, haben zur Zeit der Gründung der Schule die Leipziger dicht an dicht gelebt. Hier pulsierte der Alltag noch im vorigen Jahrhundert mit seinem bunten Markttreiben am Brunnen auf dem Nikolaikirchhof.

Als die Stadt um die Jahrhundertwende sprunghaft wuchs, mußten viele Bürgerhäuser weichen und Neubauten aus der Gründerzeit Platz machen. So ist auch an Stelle der drei Pfarrhäuser, die zur gleichen Zeit wie die Nikolaischule errichtet waren, das große Predigerhaus gebaut worden. Es hätte nicht viel gefehlt, daß auch die alte Schule durch einen Neubau ersetzt worden wäre. Doch dann nagte der Zahn der Zeit an dem alten Gebäude. Wenn ein halbes Jahrhundert nichts zur Erhaltung getan wird, schreitet der Verfall erst Schritt für Schritt, dann aber immer rasanter voran. So wie für Großteile der Gebäudesubstanz der Stadt die Frage stand: „Ist Leipzig noch zu retten?!", so galt das ganz typisch auch für die Nikolaischule. So sehr sie als erhaltenswert galt und unter Denkmalschutz stand, fehlten doch die nötigen Mittel zum Aufbau. Wer sich die Fotos von der Rückwand ansieht, kann einschätzen, daß bis zum Zusammenbruch nicht mehr viel fehlte.

Doch die Nikolaischule hat den Zusammenbruch des alten Systems überlebt. Sie wurde Zeuge der großen Demonstrationen, zu denen sich immer mehr Menschen zusammenfanden nach den Friedensgebeten in der Nikolaikirche. Um den Versammlungsplatz einzuschränken, wurde um die Schule ein großer Bauzaun errichtet, den aber viele Jugendliche erkletterten, nur um dabei zu sein. Woche für Woche wurden sie zunächst mit Polizeigewalt auseinandergetrieben, bis endlich im Oktober der Aufbruch gelang.

Schon im Januar 1990 sammelten sich Frauen und Männer in einer kleinen Gruppe, um dem kulturellen Verfall entgegenzuwirken und sich dafür einzusetzen, das historische Gesicht der Stadt zu erhalten und wiederzubeleben. Wenn sich auch viele Vorstellungen und Pläne unserer Kulturstiftung nicht realisieren ließen, wurde doch die Sanierung der Alten Nikolaischule das Projekt, das vom ersten Gründerwillen zeugt. Finanziell wurde der Aufbau durch die namhafte Unterstützung der Stadt Frankfurt am Main ermöglicht. „Bauherren" waren die Mitglieder der Kulturstiftung. Das war oft sehr schwierig. Nicht nur, weil das Zusammenspiel mit den Architekten in Hannover und den unterschiedlichsten Baubetrieben von nah und fern nicht leicht zu überblicken war, sondern vor allem, weil der Bauherr ein ehrenamtlicher war und deshalb die Baubegleitung doppelte Kraft und Mühe gekostet hat. Und wer konnte schon ahnen, in welch ruinösem Zustand sich das Gebäude tatsächlich befand und daß selbst die Fundamente eine zusätzliche Sicherung erfahren mußten.

Jeder der Verantwortlichen hat sich mit seinen spezifischen Möglichkeiten eingebracht und immer wieder darauf geachtet, daß bestimmte Belange nicht übersehen oder vernachlässigt wurden. Nur so ist schließlich dieses Gesamtwerk gelungen.

Das Wichtigste aber ist, daß die Kulturstiftung Leipzig ein Zentrum geschaffen hat. Im Kulturcafé des Erdgeschosses gibt es Gastlichkeit, Gespräche, Begegnungen. In der restaurierten klassizistischen Aula besteht Gelegenheit zu Vorträgen, Lesungen, Konzerten und Theateraufführungen. Zwei ständige Ausstellungen haben ihre Besucher. Das Haus ist Treffpunkt für Künstler und Kunstinteressierte dieser Stadt.

Ich sehe schon, wie das Leben auf dem Nikolaikirchhof wieder pulsiert und aufblüht. Dort, wo früher Autos parkten, treffen sich Menschen auf dem Freisitz des Cafés, um miteinander zu sprechen. Bürger dieser Stadt und deren Gäste begegnen sich an einem doppelt historischen Ort. Und wenn der von der Kulturstiftung initiierte Ideenwettbewerb zur künstlerischen Gestaltung des Nikolaikirchhofes eines Tages realisiert ist, die Nachbargebäude ihre endgültige Gestalt annehmen, dann wird Leipzig ein Stück Identität zurückgewonnen haben, was auch in die Zukunft weist.

Friedrich Magirius
Vorstandsvorsitzender der Kulturstiftung Leipzig

Auch die Nicolaischule
hat so manchen verdienten Prediger, Schullehrer,
akademischen Lehrer,
praktischen Rechtsgelehrten und Arzt erzogen,
und fast alle Leipziger Stadtherren,
welche hier geboren wurden, legten auf ihr den Grund
zu höhern Studien.

Friedrich Gottlob Hoffmann
Magister Tertius der Nikolaischule 1760–1796

Geschichte
der
Schola Nicolaitana

Gründungsgeschichte

„Auch ist von allen dreien reten beslossen, das der rat nach einer beqwemen stat
und rawm bei Sant Niclas trachten und vleiß haben salle, do selbst eine nawe schule
vor der burger kindt, das die darinn zu der lere gehalden und gezogen werden,
zu bawen und uffzurichten."

Aus den Leipziger Ratsbeschlüssen vom 14. März 1498

Dem Wunsch nach Gründung einer Stadtschule unter dem Patronat des Rates wurde
schon 1395 durch Bischof Bonifatius IX. entsprochen. Er bevollmächtigte am 11. März
in einer Urkunde Bürgermeister und Ratsherren der Stadt Leipzig, auf dem Nikolaikirchhof oder auf einem anderen geeigneten Platz in dessen Umgebung eine Stadtschule ohne die Einwilligung der Stiftsherren zu St. Thomae zu errichten. Hier sollten
Grammatik, elementare Kenntnisse und freie Künste gelehrt werden. In der Stiftungsurkunde heißt es: „Bonifatius, Bischof, Diener der Diener Gottes, verfügt zum
immerwährenden Andenken: Natürlich verstehen WIR das Verlangen, das Unsere
lieben Söhne Prokonsuln, Konsuln und Universitätslehrer der Leipziger und Merse-
burger Diözesen Uns der Römischen Kirche antrugen. Ihren Wunsch rechnen WIR

Stiftungsurkunde der Nikolaischule, 1395

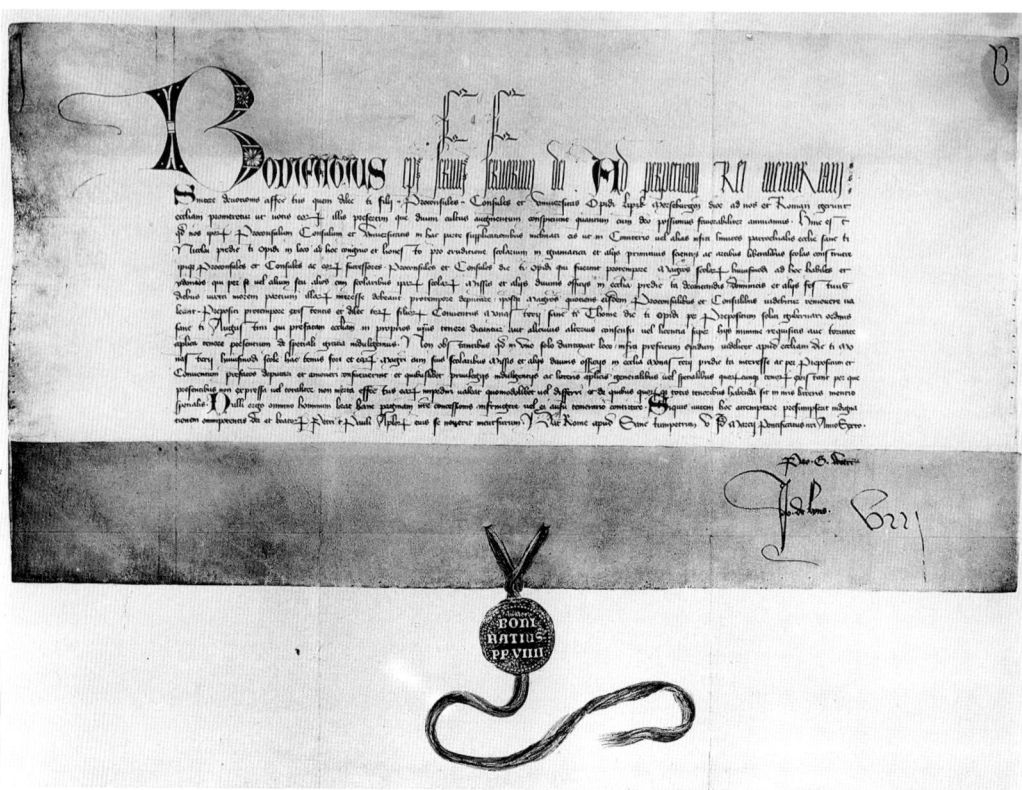

ihnen als Verdienst an, nämlich die göttliche Unterweisung im Auge zu haben. WIR halten das für richtig und in Übereinstimmung mit Gottes Willen. WIR sind deshalb geneigt, dem Wunsche der Prokonsuln, Konsuln und Universitätslehrer zuzustimmen, damit auf dem Kirchhofe oder einem anderen Orte innerhalb der Parochie der Kirche des Heiligen Nikolaus eine Schule zur Erziehung von Schülern in Grammatik und anderen einfachen Wissenschaften und Künsten gebaut werden. Sie soll die Nachfolge von Konsuln und Prokonsuln sichern, die einst an deren Stelle treten können und sowohl im geistlichen als auch im weltlichen Amte dienen können.

Deshalb sollen die Prokonsuln und Konsuln Sorge tragen, daß sie sich mit dem Konvent des Klosters zu St. Thomas verständigen, auch mit dem Abt des Ordens St. Augustinus,wo sich ihre Interessen berühren. Bis ein Einvernehmen hergestellt sein wird, warten WIR ab. Auch der Rat der Stadt möge erst zu einer einheitlichen Meinung gelangen. Nachdem alle zuständigen Institutionen, Ortsklerus und weltliche Obrigkeit einmütig zugestimmt haben, auch Lehrer und Schüler gefunden wurden, soll die Schule eröffnet werden. Gegeben zu Rom am 11. März 1395.

Ausgefertigt durch UNSERE Schreiber

Pro. G. Weert

Jo. de Lyns"

(Übersetzung aus: Urkundenbuch der Stadt Leipzig, I. Band. Leipzig 1868, S. 65 f. Gekürzt übersetzt aus dem Lateinischen von Johannes Riedel)

Das Bildungsprivileg hatten bis dahin die Herren des Augustiner-Chorherrenstiftes mit der Thomasschule inne, deren Gründung bereits auf das Jahr 1212 zurückgeht. Gegen die Urkunde von 1395 sind die Stiftsherren deshalb wiederholt vorgegangen. Erst Ende des 15. Jahrhunderts sah sich die Stadtverwaltung veranlaßt, das durch die päpstliche Bulle erworbene Privileg gegen den Propst des Thomasstiftes durchzusetzen. Mit dem zunehmenden Aufschwung des Handels und der Ausbildung städtischer Autonomie wuchs der Wunsch nach Gründung einer eigenen Stadtschule. In anderen wettinischen Städten waren Schulen unter städtischem Patronat längst gegründet worden, so um 1300 in Dresden und Zittau oder 1359 in Löbau. In Leipzig existierten im 15. Jahrhundert bereits sogenannte Winkelschulen, Privatschulen, deren Schulhalter nicht selten auch vom Rat Unterstützung erhielten. Ein solcher ludi moderator Scholae Nicolaitanae (Schulleiter der Nikolaischule) wurde bereits 1490 aktenkundlich erwähnt. Dabei handelte es sich jedoch um eine Privatschule, an der nur die Anfangsgründe des Lesens, Schreibens und Rechnens gelehrt wurden.

Trotz des 1498 gefaßten Ratsbeschlusses zur Errichtung einer Stadtschule vergingen nochmals einige Jahre, bis 1510 in den Stadtrechnungen vermerkt wurde, daß „uff dornstag nach Mawricii (26. September) die hern aller dreier reth beschlossen wi volget: Eine schule zu S. Niclas an der custodi (küsterei) uffzurichten". Ein Jahr später gab der Thomaspropst die Küsterei an die Stadt ab.

Noch 1511 leisteten die Stiftsherren – nach Aufzeichnungen des Stadtkämmerers Martin Kramer – Widerstand gegen die Gründung einer städtischen Schule und erklärten diese in „vier Artikeln" als Unrecht. Für die Küsterei sollte die Stadt eine Entschädigung zahlen.

Da die Grundfläche der custodie für das Bauvorhaben nicht ausreichte, kaufte der Rat das benachbarte Privathaus, „der Adam balbirerin hauß, an Sant Nicklas kirchhoff gelegen" hinzu. Nach dem Abbruch der beiden Gebäude entstand auf diesem Areal die neue Schule. 1512 wurde das die „Burse", auch „neue Burse" oder „neues Haus" genannte Gebäude eröffnet. Den Namen Schola Nicolaitana erhielt die Lehranstalt wohl hauptsächlich wegen ihrer unmittelbaren Nähe zur Nikolaikirche, der ältesten Pfarrkirche der Stadt. Mit ihr selbst aber stand die humanistische Lateinschule in allen Jahrhunderten nur in loser Verbindung.

Bis zur Reformation existierte die Nikolaischule als einzige Schola Senatoria (Ratsschule), auch Schola Civica bzw. Urbica (Stadtschule) genannt. Um die Patronatsrechte auszuüben, wurde für die Oberaufsicht vom Rat regelmäßig ein Bürgermeister oder Ratsherr als Schulvorsteher gewählt.

Als erster Schulmeister erscheint in den Stadtrechnungen Magister Johannes Rumpfer. Er war von 1512 bis 1513 gleichzeitig Dekan der philosophischen Fakultät an der benachbarten Universität. Sein Jahresgehalt betrug 60 Gulden, was aber vermutlich vom Rat nur als Anfangsunterstützung betrachtet und später zurückgezogen wurde. Bei einer ausreichenden Schülerzahl sollte das Schulgeld die Kosten decken. So führten Schüler und Schulmeister nach der Gründung wohl ein ziemlich erbärmliches Dasein. Ohne die zeitweilige Unterstützung durch den Rat, in den Stadtrechnungen unter der Rubrik „Zufällige Ausgaben" verzeichnet, wäre die Schule nicht existenzfähig gewesen, denn die Leipziger Bürgerschaft schickte ihre Kinder in alter Gewohnheit weiter in die Thomasschule, so daß das erforderliche Schulgeld nicht zusammenkam. Unter Rumpfers Nachfolger, Magister Conrad Pirkheimer, verschlimmerte sich die Lage noch. Der Schulmeister selbst fiel 1523 in Ungnade, da er offenbar lutherisches Gedankengut vertreten hatte, das unter Herzog Georg, der als ein erbitterter Gegner lutherischer Reformation auftrat, verfolgt wurde. Bereits zehn Jahre nach ihrer Eröffnung verfiel die Nikolaischule zunehmend. 1529 beschrieb sie der Humanist Johannes Musler (auch Muschler) als „ruina", „verlassen und verschlossen". Ab 1530 sollte er dann selbst die Schule leiten. Als anerkannter Gelehrter führte er das Studium humanistischer Texte ein. Dadurch verbesserte sich der Ruf der Nicolaitana in ähnlicher Weise wie an der Universität, der Musler gleichzeitig als Rektor vorstand. 150 Schüler besuchten nun die Schola Nicolaitana. Viele von ihnen kamen aus vornehmen Familien, auch Studenten der Universität gehörten dazu. Mit Zustimmung des Rates hatte Muschler den Unterricht neu organisiert. Er teilte die Schüler vier, später fünf aufsteigenden Klassen zu. In der untersten wurden die Elementarschüler, catechumenos, aufgenommen. Die Lehrerzahl richtete sich nach der Schülerzahl. So gehörten zum Kollegium zwei Magister und fünf Baccalaurien (junge Gesellen), ein Gesangs- und ein Schreiblehrer. Unter Muschler wurden nicht die christlichen, sondern die antiken Philosophen und Schriftsteller gelesen. Als Unterrichts- und Umgangssprache diente Latein.

Die Nachfolge Muschlers trat 1535 Magister Wolfgang Meurer an, ein Philosoph und Mediziner sowie vertrauter Freund Melanchthons und Camerarius'. Er hatte Vorlesungen über Aristoteles gehalten und war als Rektor der Schule ausdrücklich aus Italien zurückgerufen worden. Nach dem Tode Herzog Georgs 1539 wurde während seiner Amtszeit nun auch im Albertinischen Sachsen die Reformation eingeführt. Aus der im selben Jahr erfolgten Schulvisitation geht hervor, daß die Schule zu St. Nikolai gewöhnlich von Kindern aus wohlhabenden und vermögenden Familien besucht wurde, wodurch sie eine stattliche finanzielle Versorgung erhielt. Die Thomasschule hingegen nahm nun meist arme Schüler auf, was ihr die Bezeichnung einer Schola Pauperum einbrachte. Das Ziel des Unterrichts bestand weiterhin in der Beherrschung der lateinischen Sprache durch Lektüre und Imitation der klassischen Schriftsteller. Zu diesem Zweck fanden auch öffentliche Aufführungen von Tragödien und Komödien statt. Für außerordentliche Leistungen wurde ein System der Prämienverteilung eingeführt. Die Schüler der oberen Klassen konnten für hervorragende Leistungen Bücher, Gegenstände aus Marmor oder Elfenbein, Bilder, Spiegel, Federkästen erwerben, die sie allerdings erst nach dreimaligem Verdienst tatsächlich besitzen durften. Die Knaben der unteren Klassen empfingen als Belohnung Backwerk. Den unverbesserlichen Faulpelzen wurde ein Strohkranz verliehen, die Prügelstrafe war abgeschafft. Mit Schlägen sollten nur noch sittliche Vergehen, der Gebrauch von Schimpfworten, Händel, unangemessene Spiele sowie ein Übermaß an Trunk und Schlimmeres bestraft werden.

Ab 1562 bezog der Rektor der Nikolaischule vom Rat ein regelmäßiges Gehalt. Unter Bürgermeister Hieronymus Lotter war das städtische Rechnungswesen seit 1556

Rekonstruktion der möglichen Ansicht der Nikolaischule nach dem Neubau 1553.
Kupferstich von Christian Romsted, 1702

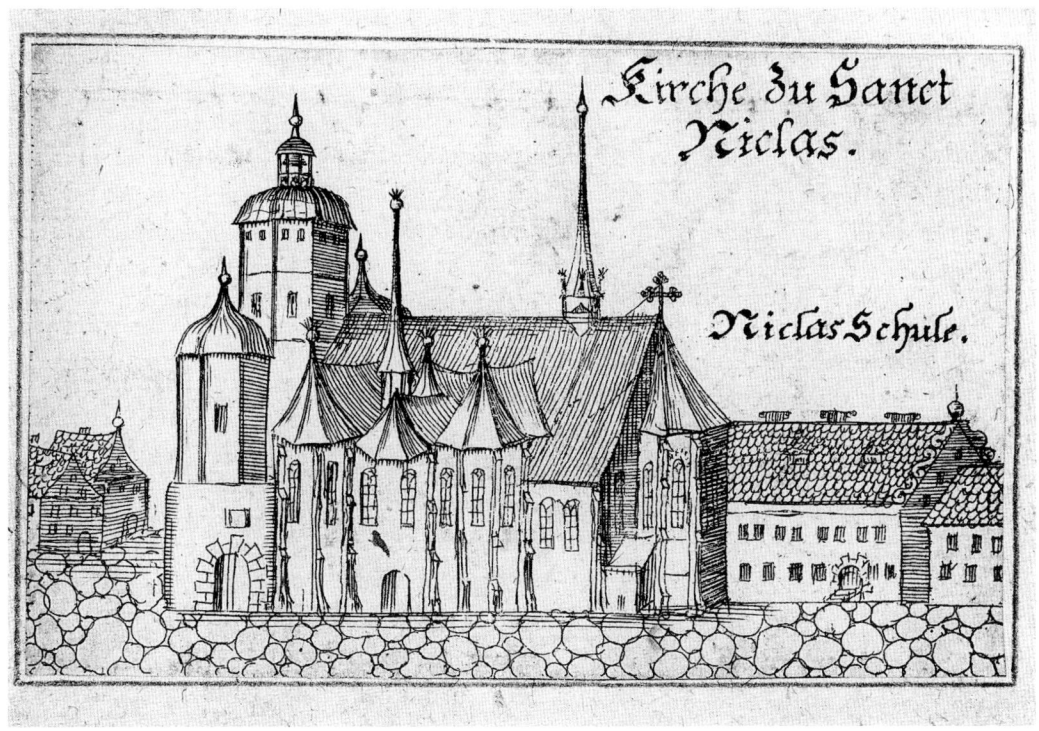

Die ædle Lindenstatt gegründet an de: Pleisser
So billich wird gerühmt das Liecht und Aug deim
Magfüglich auch das Hertz de: Teütschen Stätte he

Paulus Fürst Excudit

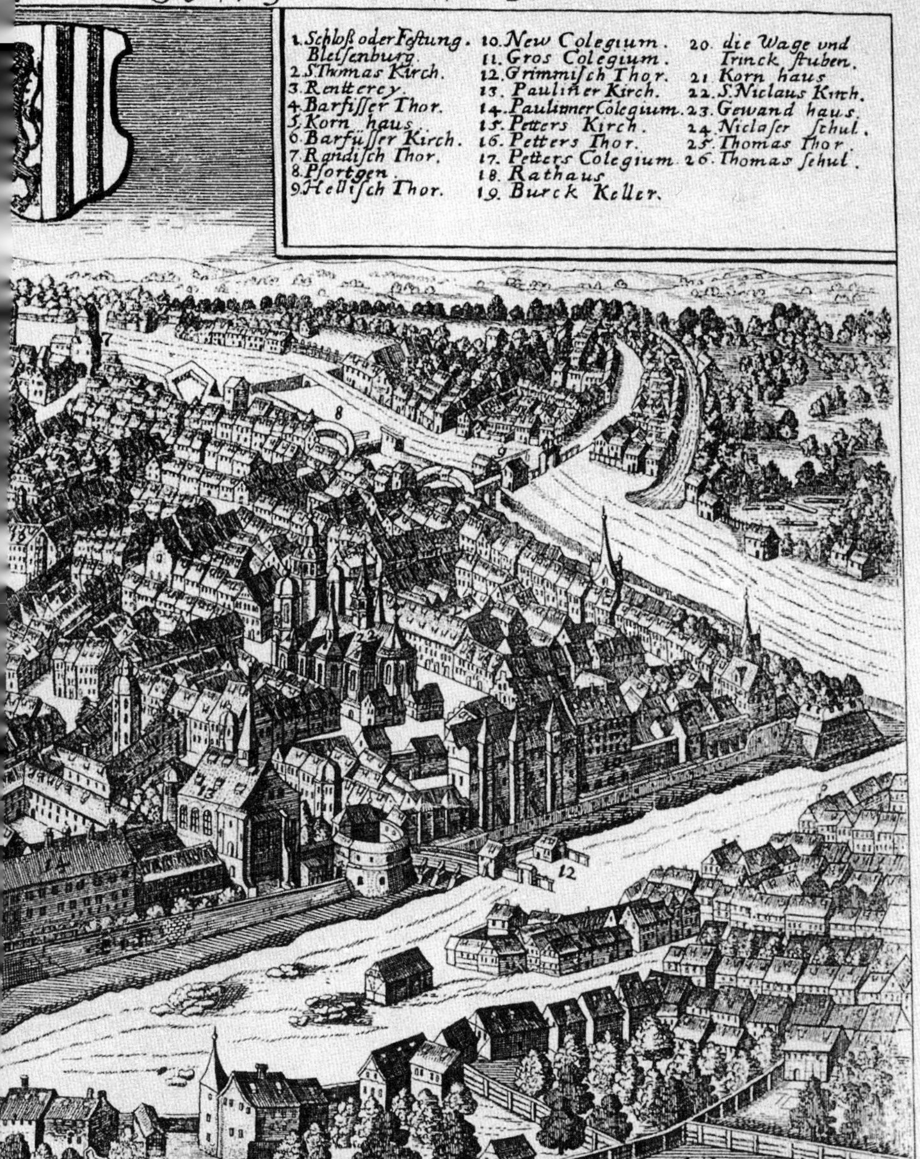

1. Schloß oder Festung Bleisenburg.	10. New Colegium.	20. die Wage vnd Trinck stuben.
2. S. Thomas Kirch.	11. Gros Colegium.	21. Korn haus.
3. Rentterey.	12. Grimmisch Thor.	22. S. Niclaus Kirch.
4. Barfisser Thor.	13. Pauliser Kirch.	23. Gewand haus.
5. Korn haus.	14. Paulinner Colegium.	24. Niclaser schul.
6. Barfusser Kirch.	15. Petters Kirch.	25. Thomas Thor.
7. Randisch Thor.	16. Petters Thor.	26. Thomas schul.
8. Pfortgen.	17. Petters Colegium.	
9. Hellisch Thor.	18. Rathaus	
	19. Burck Keller.	

Die hohe Schul, die wie im Ring ein Demant stehet.
Die Kauffmanschafft, die weit durch alle Länder gehet;
Der Schöpffenstul macht sie den Sternen gleich erhöhet.

L. fecit

vollständig umgestellt worden: Die Ausgaben für die Lehrer wurden in einem besonderen Konto unter der Rubrik „Für Kirchen und Schuldiener" erfaßt.

Ein Stundenplan von 1578 gibt Auskunft über die Gliederung des Unterrichts im letzten Drittel des ersten Jahrhunderts nach der Schulgründung. Das Collegium bestand nun aus sechs Lehrern, die in sechs Klassen unterrichteten. Der eigentliche Unterricht fand nur an vier Tagen, nämlich Montag, Dienstag, Donnerstag und Freitag, statt. Die Unterrichtszeit lag im Sommer bei täglich acht Stunden, von 6 bis 10 Uhr und von 12 bis 16 Uhr. Im Winter waren die Stunden von 7 bis 10 Uhr und 12 bis 16 Uhr auf sieben reduziert. Aus den Stundenplänen geht hervor, daß die Klassen keinen Einzelunterricht erhielten, sondern in jeder Stunde entweder mit der nächsthöheren oder darunterliegenden Klasse kombiniert wurden. Das war durch die beengten Räumlichkeiten bedingt, denn von 1597 bis 1673 standen fünf, dann nur noch vier Klassenzimmer zur Verfügung.

Bei der Visitation von 1580 kam das evangelische Konsistorium Leipzig zu folgendem Ergebnis: „Dise Schuldiener so wol als die andern sind feine gelehrte menner und haben das gezeugnuß, daß sie ihren dienst mit trewem Vleiß obwarten, also daß man uber sie nichts zu klagen habe." Nicht selten war das Amt des Schulmeisters an der Nikolaischule mit einer Vorsteherstelle an der benachbarten Universität verbunden.

Bereits Ende des 16. Jahrhunderts genügte das Gebäude den Ansprüchen nicht mehr. Der zu dieser Zeit als Rektor tätige Magister Christoph Heiligmeier hatte 1592 darauf hingewiesen, daß die Schule „gar zu enge" sei. Mit der Erweiterung des alten Gebäudes nach Osten wurde 1597 mehr Raum für Lehrer und Schüler geschaffen.

Die Schule im 17. Jahrhundert

Seit Beginn des 17. Jahrhunderts gehörten in der Regel acht Lehrer dem Kollegium an. Nur vier davon, der Rektor, der Konrektor (Supremus, für Mathematik), der Tertius und der Kantor (Quartus), waren fest angestellt und wurden als Superios bezeichnet. Die vier sogenannten Inferios, die unteren, nannte man Collaboratores (Mitarbeiter), die sich kaum wissenschaftlichen Studien widmeten und deshalb nur selten zu den Superios aufsteigen konnten. Sie unterrichteten hauptsächlich die Unterklassen. 1611 erließ der Rat unter dem Rektorat des Magisters Johann Friedrich eine Schulordnung, die vom noch immer herrschenden klösterlichen Geist zeugte. Fernab von jugendlicher Freiheit waren darin strenge Verhaltensregeln formuliert. Die Schüler sollten sich in der Schule vor allem durch Aufmerksamkeit, Ordnung und Verträglichkeit auszeichnen. Betrug und Lüge wurden geahndet. Der fleißigen Arbeit im Haus stand der Wunsch nach einem bescheidenen Verhalten auf der Straße gegenüber. Deshalb untersagte die Schulordnung auch ein auffälliges Äußeres, wie es der herrschenden Mode entsprach. Dazu gehörten lange Haare und ein lässig auf eine Schulter zurückgeworfener Mantel.

Seiten 16/17: Ansicht der Stadt Leipzig, Kupferstich, 1665

Gottfried Wilhelm Leibniz. Kupferstich von Bernigeroth d.Ä. (links)

Adam Olearius, Konrektor der Nikolaischule von 1630 bis 1633. Später wurde er vor allem berühmt durch seine Moskowitisch-Persische Reisebeschreibung und seine Übersetzung von Saadis' Persianischem Rosengarten. Kupferstich von M.V.Sommer, 1656

Ballspielen war nur zur geistigen Erholung gestattet, während das Baden in Flüssen und Teichen sowie Eislaufen und „Schneeballen" hingegen einem strengen Verbot unterlagen.

Die Schrecken des Dreißigjährigen Krieges (1618-1648) verschonten auch die Nikolaischule nicht. Materielle Not und ansteckende Seuchen breiteten sich aus. Ähnlich dem Studentenleben der Universität erreichte das Schülerleben einen moralischen Tiefstand. Schlägereien, Duelle, Trink- und Eßgelage gehörten nicht nur bei den Studenten zum Alltag. In dieser Zeit fanden insgesamt nur zwei Visitationen, 1631 und 1648, statt. 125 Schüler nahmen am Unterricht teil. Die Lehrer bezogen vierteljährlich ihr festes Gehalt, zu dem auch Naturalleistungen gehörten. Der bisher vom Geist des Humanismus geprägte Unterricht hatte nun bibelfeste Strenggläubigkeit zum Inhalt. Dazu gehörte ein übermäßiger Kult´der lateinischen Sprache. Schon die Hausordnung von 1611 untersagte den Knaben, sich untereinander oder mit ihren Lehrern in der deutschen Muttersprache zu verständigen.

1638 bis 1663 leitete Magister Johann Hornschuch die Schule, der in dieser Zeit gleichzeitig mehrmals das Amt des Dekans der philosophischen Fakultät an der Universität bekleidete. Zu seinen Schülern gehörte zwischen 1658 und 1661 Gottfried Wilhelm Leibniz (1646-1716). Er wurde als Sohn des an der Leipziger Universität lehrenden Professors für Moral geboren. In der väterlichen Bibliothek fand der junge Leibniz einen reichen Bücherschatz vor allem griechischer und lateinischer Autoren vor, deren Sprache er eigenständig erlernte: „So verstand ich, ehe ich mein zwölftes Lebensjahr zurückgelegt hatte, das Lateinische geläufig und fing an, das Griechische zu stammeln." So war es nicht verwunderlich, daß er die Lehrer durch einen für sein Alter ungewöhnlichen Geist beeindruckte. Allerdings nicht allein durch seine Sprachkenntnisse, sondern auch durch seine logischen Überlegungen: Denn „Ich begund gleich zu merken, daß ein Großes darin (das heißt in der Logik) stecken müsse, so viel ein Knabe von 13 Jahren in dergleichen merken kann."

Immatrikuliert war der junge Leibniz an der Universität bereits im Alter von sieben Jahren, denn sein Vater besaß als Professor das Vorrecht, seine Söhne schon im Kindesalter einschreiben zu lassen. Gottfried Wilhelm begann Ostern 1661 mit 14 Jahren das Studium an der Alma mater Lipsiensis. Zwischendurch in Jena immatrikuliert, habilitierte er sich 1664 zum Magister für Philosophie mit einer juristischen Abhandlung, die ihn zunehmend für die Rechtswissenschaft einnahm. Doch 1666 verließ Leibniz die Universität und seine Vaterstadt, um an die Hohe Schule nach Altdorf zu wechseln, die unter dem Patronat der freien Reichsstadt Nürnberg stand. Hier vermochte er nun, seine Dissertation „De casibus perplexis" (Über verwickelte Rechtsfälle) ohne Hindernisse zu verteidigen. Denn in Leipzig hatten Einwände der Juristenfakultät die Promotion des Zwanzigjährigen wegen Jugendlichkeit abgelehnt. Leibniz entwickelte sich zu einem Universalgenie, der als Philosoph, Mathematiker, Historiker und Politiker das Ziel verfolgte, Wissenschaft und Praxis miteinander zu verbinden (S. 19).

Vier Jahre nachdem Leibniz die Nikolaischule verlassen hatte, wurde Christian Thomasius (1655-1718) hier als Schüler aufgenommen. Seit 1663 stand nun Magister Friedrich Rappolt aus Reichenbach im Vogtland der Stadtschule als Rektor vor. Während seiner siebenjährigen Amtszeit nahm die Schülerzahl um mehr als die Hälfte ab. Dies hing möglicherweise mit den Streitigkeiten zwischen der lutherischen Orthodoxie und der Entfaltung des pietistischen Denkens zusammen, weshalb auch August Hermann Francke die Leipziger Universität 1689 verließ. Der Unterricht wurde weiterhin an vier Wochentagen vormittags von 7 bis 10 Uhr und nachmittags von 12 bis 15 Uhr abgehalten, an den beiden übrigen Tagen nur am Vormittag. Ferien waren unbekannt. In der Denkschrift „Memorial an E.E. und Hochw. Rath allhier, Was das aufnehmen der Schul zu S. Nicolai hindert" schilderte Rappolt 1669 ein überaus düsteres Bild des traurigen Verfalls der Schule. 1670 wurde er als Theologe an die Universität berufen, wo er bis zu seinem Tode 1676 wirkte.

Noch bevor sein Vater, Jakob Thomasius, 1670 das Amt des Schulrektors antrat, wechselte Christian Thomasius zur benachbarten Universität über. Als Student wohnte er weiterhin im Schulhaus. Sein Vater behielt neben dieser Rektorenstelle auch seine akademischen Ämter bei. Er gehörte zu den Universitätsprofessoren des Studenten Leibniz, welcher sich später noch brieflich von dem verdienstvollen Gelehrten in philosophischen Fragen beraten ließ. Während er als Rektor der Nikolaischule das Bildungsideal der strengen, bibelfesten Gläubigkeit zum Lehrziel der Stadtschule erklärte, trat sein Sohn zunehmend in Widerspruch zur lateinischen Zunftgelehrsamkeit in Leipzig. So kündigte er 1687 Vorlesungen in deutscher Sprache an, als Jurist widmete er sich erfolgreich einer Humanisierung der Gerichtsbarkeit. Schließlich verließ Christian Thomasius im Jahre 1694 das den Gedanken der Aufklärung verschlossene Leipzig, siedelte nach Halle über um an der eben gegründeten Alma mater in Halle zu lehren.

Sein Vater bemühte sich gleich nach seinem Amtsantritt, die Ursachen des Niedergangs der Schülerzahl in der Nikolaischule herauszufinden. Er begründete den Abgang hauptsächlich mit der allzugroßen „Leidigkeit etlicher Eltern, welchen die über dero Kinder gehaltene Schulzucht, (die doch verhoffentlich bey uns die gebührende maße nicht uberschreitet,) etwa mißfallen wil. Und weil entgegen die Winckelschulmeister alß welche an keine gesetz gebunden sich ihres privat nutzens halben dißfalls nach solcher Eltern willen zu richten pflegen: so ist dahero kommen, daß die Winckelschulen mit der unsrigen abnahme zugenommen". Für den häufigen Lehrerwechsel sah er das geringe Salär als Ursache. Nach sechsjähriger Amtszeit wechselte er selbst 1676 in das Rektorenamt der Thomasschule über.

Die Schule im 18. Jahrhundert

Die zentrale topographische Lage Leipzigs ließ die Stadt zur „Toscana Deutschlands" werden. Durch eine blühende sächsische Industrie und mit Unterstützung der Landesregierung hatte sich hier der größte Messeplatz für den deutschen Binnenmarkt entwickelt. Schon in den siebziger Jahren des 17. Jahrhunderts war auch die Buchmesse nach Leipzig verlegt worden.

Während die Stadt um 1700 eine Zeit wachsenden materiellen Wohlstands und geistiger Blüte durchlebte, wurde das Schulwesen davon kaum erfaßt. Das allgemeine Bildungsideal beinhaltete zwar die Entwicklung der Persönlichkeit zum homo politicus, dem vielseitig bewanderten Weltmann mit höfischen Verhaltensformen, doch blieb die Nikolaischule zunächst weit hinter dieser Zielstellung zurück. 1699 trat Ludwig Christian Crell das Amt des Rektors an, das er 34 Jahre bekleiden sollte. Während seiner Lehrtätigkeit fand 1716 eine Schulvisitation statt, in deren Ergebnis eine neue Schulordnung erlassen wurde (Frontispiz). Sie hatte zum Inhalt, wie den eingerissenen Mängeln Abhilfe zu schaffen sei. Die Paragraphen sollten „nach ietziger Zeiten Zustand und Gelegenheit" eingerichtet werden. Damit war im Zeitalter der Aufklärung der Grundstein für die Entwicklung eines neuen Gymnasiums gelegt. Endlich mußte der bis dahin gepflegte Lateinkult einem gründlichen Studium der deutschen Sprache weichen. Darüber hinaus erwog man sogar einen Unterricht in Englisch und Italienisch. Für jede Klasse waren wöchentlich 30 Lektionen vorgesehen, davon vier Musikstunden. Der Schulbeginn verlagerte sich im Winter von 7 auf 8 Uhr. 1731 wurden erstmals Stipendien vergeben, die auf 16 vor allem gute Schüler der vier oberen Klassen verteilt wurden. Auch der Rektor erhielt für seine Bemühungen halbjährlich eine entsprechende Summe. Der Auszeichnung würdige Schüler der beiden unteren Klassen mußten sich mit Büchergaben begnügen.

Noch konsequenter als Crell widmete sich sein Nachfolger im Rektorenamt, der berühmte Gelehrte Johann Jakob Reiske, den begonnenen Neuerungen in Lehrplan und Unterricht (S. 22). An der Leipziger Universität hatte er 1748 eine unbesoldete außerordentliche Professur erhalten, die ihn zwang, privata Collegia zu lesen und Gelegenheitsarbeiten als Korrektor und Übersetzer zu leisten. Deshalb verbesserte sich seine materielle Situation, als er 1758 trotz übler Intrigen seiner Gegner das Rektorat der Nikolaischule antreten konnte: „Es war ein Bret, das mir Gott im Schiffbruche

Johann Jakob Reiske. Aus: Reiskes Ausgabe des Demosthenes, Leipzig 1770 (links)

Exlibris der Schulbibliothek. Kupferstich, Medard Thönert, um 1790

Johann Gottfried Seume, 1780/81. Kopie eines Gemäldes von Anton Graff durch Kühn, 1929

meiner zeitlichen Wohlfahrt zuwarf. Die Noth zwang mich, es zu ergreifen: sonst wäre ich umgekommen." Zu Fuß hatte er sich bereits 1738 nach Holland begeben, um sich vier Jahre in Leyden dem Studium der Sammlung der arabischen Handschriften zu widmen. Er begründete die arabische Philologie und galt als ausgezeichneter Kenner der griechischen Literatur. Der Altertumswissenschaftler Theodor Mommsen bezeichnete ihn später als den „Unvergleichlichen". In Freundschaft war er mit Lessing verbunden. Friedrich der Große versäumte es bei seinem Aufenthalt in Leipzig 1760 nicht, den bedeutenden Gelehrten zu einem Gespräch zu empfangen.

Aus den „Berichten von denen Hauptbegebenheiten 1761-1795" an der Nikolaischule geht hervor, daß die Ereignisse des Siebenjährigen Krieges (1756-1763) zu einem erneuten Verfall der Schule führten, die in dieser Zeit nur noch 48 Knaben zu ihren Schülern zählte. Vor dem Tod Reiskes unternahm der Schulvorsteher Jacob Born 1774 den Versuch, die Lateinschule mit einer Realanstalt zu verbinden. Eine gemeinsame Unterstufe sollte sich in einen humanistischen und einen realistischen Zweig spalten. Auf diese Weise wäre in Leipzig die erste Realschule Sachsens entstanden. Dieses Modell scheiterte aber bereits zwei Jahre später, und die Nikolaischule blieb bis 1914 in der alten Form als städtische Lateinschule mit protestantisch-humanistischem Ziel erhalten.

Unter dem Rektorat Reiskes wurde 1764 ein sogenannter Witwenfiskus eingerichtet, der schon 1727 von Regine Elisabeth Richter testamentarisch verfügt und zu diesem Zweck bestimmt worden war. Jeder Lehrer zu St. Nikolai und St. Thomae war verpflichtet, die hinterbliebenen Witwen der Lehrer sozial abzusichern. Eine Satzung legte die Beiträge und die Verwendung des Geldes fest. Danach erhielt die Ehefrau eines Mitgliedes nach seinem Ableben zunächst 25 Taler Leichengeld und nach einem Jahr ein festgelegtes Witwenjahrsgeld.

Der Nachfolger Reiskes, Magister Georg Heinrich Martini, konnte während seiner Amtszeit (1775-1794) die bisher fehlende Schulbibliothek begründen. Unter Einfluß des Schulvorstehers, dem Ratherrn und Stadthauptmann Dr. Gottfried Winckler, kaufte der Rat die auserlesene Büchersammlung des Freiherrn von Zech auf einer Auktion in Altenburg für 500 Taler an. Sie wurde in den folgenden Jahrzehnten weiter vervollständigt. Ein entsprechendes Exlibris war von dem Oeser-Schüler Medard Thönert radiert worden (S. 22). Er hatte darauf die Alma mater Nicolaitana dargestellt, wie sie sich auf das Stadtwappen stützt und von Pallas Athene die Worte der Weisheit empfängt. Globus und Zirkel in der Hand eines Knaben sollten darauf hinweisen, daß hier auch die exakten Wissenschaften gelehrt wurden.

Zu Martinis bedeutenden Schülern gehörte auch der Schriftsteller Johann Gottfried Seume (1763-1810). 1779 war er von seinem Mäzen, dem Grafen von Hohenthal, sechzehnjährig als Auswärtiger dem Rektor „in Wohnung, Kost und Holz" gegeben worden. In seinen späteren Erinnerungen „Mein Leben" schilderte er mit heiterer Besinnlichkeit die dürftigen Lebensumstände in der kaum beheizten Dachstube des Schulgebäudes (S. 22). Sein Verhältnis zum Rektor war gespannt, und er verließ schon nach einem Jahr die Schule. Ein Reifezeugnis war damals noch nicht üblich, und er erhielt ein versiegeltes Zeugnis, mit dem ihn sein Gönner von Hohenthal auf die Universität weiterempfahl. Seume wurde später vor allem als Verfasser des „Spazierganges nach Syrakus" bekannt. Aus den seit 1775 erhaltenen Inventarbeschreibungen der Nikolaischule geht hervor, daß zu dieser Zeit nur vier Klassenräume für insgesamt sechs Klassen vorhanden waren. Das bedeutete Doppelunterricht für jeweils zwei Klassen. Primaner und Tertianer brachte man im zweiten Obergeschoß unter, während die fünfte und sechste Klasse im Erdgeschoß unterrichtet wurden. Der Unterricht mußte in ungeheizten Räumen stattfinden, da nicht in allen Klassenzimmern ein Ofen stand.

Die Schule bis 1872

Die Wende vom 18. zum 19. Jahrhundert kündigte auch in Sachsen und Leipzig den Beginn eines neuen Zeitalters an. Im Bildungswesen der Messestadt galt dies für den Neubau einer allgemeinen Bürgerschule auf der Moritzbastei, die auf Initiative der Handwerksinnungen zustandekam. Stadtbaudirektor Johann Friedrich Carl Dauthe, der schon mit dem kunstsinnigen Leipziger Bürgermeister Carl Wilhelm Müller die klassizistische, ganz der Aufklärung verpflichtete Umgestaltung der Nikolaikirche (1785–1796) vorangebracht hatte, war auch der Schöpfer dieser sogenannten 1. Bürgerschule, die mehrere Jahre brauchte, ehe sie ganz vollendet werden konnte (1796 bis 1834). Sie wurde jedoch bereits 1803 eröffnet und mit modernen Unterrichtsfächern ausgestaltet, die sich „vorzüglich auf Religion, Schreiben, Rechnen, Zeichnen, Erdbeschreibung, Naturkunde, Historie, insonderheit Vaterlandsgeschichte, auch in der Folge auf Technologie und überhaupt auf alles, was zum gewöhnlichen bürgerlichen Leben nützlich und angenehm ist, erstrecken soll, gegen Erlegung eines billigmäßigen Schulgeldes Anteil nehmen zu lassen gedenken". Der Geist dieser bürgerlichen Schulgründung sollte schließlich auf das gesamte messestädtische Bildungswesen ausstrahlen.

Die politischen Ereignisse zu Beginn des 19. Jahrhunderts gingen auch am Schulbetrieb in der Nicolaitana nicht spurlos vorüber. Im März 1812 mußten die fünfte und sechste Klasse als Quartiere zunächst für die französischen, später für die württembergischen Truppen bei ihrem Durchzug nach Rußland eingerichtet werden. Nach der Einnahme Leipzigs durch die verbündeten Mächte wurde in das Schulgebäude ein Teil der städtischen Bürgerschule eingewiesen, da diese zur Unterbringung eines Militärhospitals geräumt worden war. Für die Ausrüstung der Sächsischen Landwehr spendeten Lehrer und Schüler der Nikolaischule 68 Taler und 4 Groschen.

1795 hatte Gottlieb Samuel Forbiger das Amt des Rektors der Schule angetreten. Mit ihm zog der Geist des Neuhumanismus, wie ihn auch Winckelmann, Lessing und Goethe beförderten, in den Unterricht ein. Erneut wurde der Mensch als das Maß aller Dinge in den Mittelpunkt gestellt. Das Ziel der humanistischen Erziehung bestand jetzt vor allem darin, die Schüler an die Wiege der Geisteskultur, die allein in der griechischen Antike gesehen wurde, heranzuführen. Außerordentliche Pflege galt deshalb der griechischen Sprache und der Lektüre von Autoren wie Sophokles, Platon, Herodot und Thukydides oder Demosthenes.

Sein Sohn Albert Forbiger veröffentlichte 1826 eine Chronologie unter dem Titel „Beiträge zur Geschichte der Nikolaischule in Leipzig", in der er die auch damals schon dürftige Quellensituation bemängelt, die ihm eine vollständige und zusammenhängende Darstellung der Geschichte der Nikolaischule unmöglich machte. Er berichtet, daß die in den Jahren „durch persönliche wie durch Zeitverhältnisse etwas gesunkene Schulanstalt" 1820 durch „neue Einrichtungen" wieder aufgeblüht sei. Das betraf eine den Forderungen der Zeit und den Wünschen des Publikums entsprechendere Strukturierung des Unterrichts. Deshalb wurden eine neue Schulordnung sowie ein veränderter und erweiterter Lehrplan eingeführt, die Lehrergehälter beträchtlich erhöht und drei neue außerordentliche Lehrstellen – die für den Mathematicus, den Gesangslehrer und den französischen Sprachlehrer – eingerichtet. Wer das Gymnasium besuchen wollte, mußte gut deutsch und lateinisch lesen, orthographisch korrekt schreiben, die vier Rechenarten beherrschen sowie exakt lateinisch deklinieren und konjugieren können. Durch eine staatliche Verordnung wurden die Rektoren 1811 angewiesen, den an die Universität wechselnden Schülern ein Zeugnis über ihre wissenschaftlichen Fähigkeiten auszustellen. Seit 1829 schließlich konnte man auch an der Nikolaischule nach preußischem Vorbild die Reifeprüfung ablegen. Noch bis zu diesem Zeitpunkt lag die Dauer des Schulbesuches im Ermessen der Eltern und ihrer Kinder.

Die Modernisierung der Schule führte zu einem so hervorragenden Bildungsniveau, das bei den Eltern außerordentliches Vertrauen erweckte. Die Schülerzahl wuchs enorm an, so daß die Räumlichkeiten nicht mehr auszureichen drohten. Aus diesen Gründen beschloß der Rat 1826, das Schulgebäude durch Hinzuziehung des Nachbarhauses an der Nikolaistraße zu erweitern. Am 15. Oktober 1827 fand die feierliche Einweihung des dabei entstandenen Rednersaales im zweiten Obergeschoß des Eckhauses statt. Bisher hatte das sogenannte Große Auditorium, das größte Klassenzimmer des Erdgeschosses, den Zwecken eines Schulsaales gedient.

1828 wurde Karl Friedrich August Nobbe zum Rektor berufen, der bereits seit 1816 an der Schule tätig war. Vom Tertiat war er 1820 zum Konrektor aufgestiegen und hatte an der Durchsetzung der neuen Schulordnung mitgearbeitet. Er wurde Mitglied zahlreicher Altertumsforschender Vereine im In- und Ausland. 1846 gründete er die Lutherstiftung, welche sich zum Ziel gesetzt hatte, zur Verbreitung der Schriften des Reformators beizutragen.

1828 trat Richard Wagner in die Nikolaischule ein. Der am 21. Januar 1813 in Leipzig als neuntes Kind des Juristen und Polizeiaktuarius Carl Friedrich Wilhelm Wagner und seiner Frau Johanne Rosine geborene Knabe hatte zunächst für kurze Zeit die Kreuzschule in Dresden besucht. Die dann folgende Erziehung in der Tertia der Nikolaischule war für ihn eine „tödliche falsche Zucht". Er selbst schrieb über diese Zeit: „Ich wurde faul und liederlich." Seine Leistungen und Betragen wurden von Nobbe 1828 zunächst mit der Note „leidlich", 1829 aber mit „kaum zu einiger Zufriedenheit" bewertet. Unbemerkt gelang es dem Schüler Wagner, sechs Monate vom Unterricht fernzubleiben. Schließlich mußte er die Schule Ostern 1830 als Abgänger der Sekunda verlassen. Nobbe vermerkte dazu im Schulmatrikel, „um Musikus zu werden". Der Siebzehnjährige immatrikulierte sich nun an der Universität Leipzig als Student der Musik (S. 26).

Nach Nobbes Abgang wurde 1866 Justus Hermann Lipsius zum Rektor der Schule gewählt. Er war bereits seit 1863 in das Amt des Konrektors der Nicolaitana berufen worden. Auch Lipsius gehört in die Reihe bedeutender Lehrer, die neben ihrem Schulamt eine Lehrstelle an der Universität bekleideten. Erst als er 1877 seine Beru-

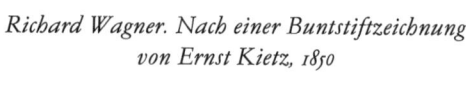

Richard Wagner. Nach einer Buntstiftzeichnung von Ernst Kietz, 1850

Neues Schulhaus an der Ecke Königstraße/Stephanstraße. Fotografie von Hermann Walter

fung zum ordentlichen Professor der klassischen Philologie erhielt, legte er das Amt an der Nicolaitana nieder.

Unter seinem Rektorat bezog das Gymnasium am 15. April 1872 ein neues Gebäude an der Ecke der Königstraße/Stephanstraße.

Das Nikolaigymnasium in der Königstraße

Der Einzug in das neue Schulgebäude geschah zu einer Zeit, als sich Leipzig in die Reihe der deutschen Großstädte mit über 100 000 Einwohnern einreihte und zunehmend Vorstädte und Vororte in sich aufnahm. Die Zahl der Fabriken, Handels- und Gewerbebetriebe stieg von Jahr zu Jahr. Die Warenmesse wandelte sich zur Mustermesse, mehrere Banken ließen sich in der Stadt nieder, ausländische Konsulate verlegten ihren Sitz nach Leipzig. Dresden galt zwar als Residenz des sächsischen Königreiches, aber Leipzig war die wirtschaftliche Hauptstadt des Landes. Die Universität wurde zu einer der bedeutendsten und meistbesuchtesten Hohen Schulen des seit 1871 existierenden Deutschen Reiches.

Förderlich auf das Schulwesen in Sachsen wirkte sich das Inkrafttreten des Volksschulgesetzes von 1874 aus. Kein anderer deutscher Staat hatte solches aufzuweisen, denn das bisher von der Kirche ausgeübte Oberaufsichtsrecht wurde damit dem Staat übertragen und nun von Bezirksinspektoren gehandhabt, die selbst ausgebildete Lehrer waren. Der Unterricht orientierte sich nun noch mehr auf die Anforderungen des praktischen Lebens. Neben einer achtjährigen Volksschulpflicht wurde der Besuch

der Fortbildungsschulen für obligatorisch erklärt. Die Zahl der Lehrerseminare erhöhte sich in Sachsen.

Auch in Leipzig wurden zahlreiche Bildungsstätten errichtet, ältere in neue und größere Gebäude verlegt. Dies galt nicht allein für das Nikolaigymnasium, sondern auch für die Thomasschule. Darüber hinaus entstanden mehrere Realschulen, die Städtische Gewerbeschule und die Höhere Mädchenschule sowie zahlreiche weitere Bürgerschulen. Das Schulwesen profitierte vom außerordentlichen Wirtschaftsaufschwung in Sachsen.

Der gute Ruf der Nikolaischule zog weiterhin bedeutende Schüler an. Dazu zählten gleich nach Einzug in das neue Schulgebäude neben Speck von Sternburg, F.A.E. Seemann und A.E. Brockhaus auch Karl Liebknecht und seine drei Brüder Otto, Wilhelm und Theodor, die im Verzeichnis mit dem Vermerk „Dissidenten", das heißt keiner Religionsgemeinschaft zugehörig, eingetragen wurden.

Schon 1880 mußte das neue Schulgebäude auf Grund der wachsenden Schülerzahl durch einen Anbau erweitert werden. 1914 wurde das humanistische Gymnasium mit dem Typ des Reformrealgymnasiums verbunden und somit eine Reformanstalt begründet: Einem fünfjährigen Unterbau mit neusprachlichem Unterricht über drei Jahre und Latein im vierten folgte die Untersekunda, in der die Schüler den weiteren Bildungsgang entsprechend ihren Neigungen, Begabungen und Leistungen selbst wählen konnten. Doch der im selben Jahr beginnende Erste Weltkrieg beeinträchtigte das bis dahin hohe Niveau des Schullebens. Lehrer und Schüler wurden zum Kriegsdienst eingezogen und viele von ihnen kehrten nicht zurück. Erst 1920, zwei Jahre nach Kriegsende und nachdem Sachsen Freistaat geworden war, begann sich der Schulbetrieb wieder zu normalisieren. Nach Überwindung der wirtschaftlichen Not während der folgenden Inflation nahm die Schülerzahl erneut erheblich zu. 1925/26 besuchten 751 Schüler in 29 Klassen den Unterricht. Die Zahl ging über das erträgliche Maß wesentlich hinaus. Deshalb fand der Unterricht zusätzlich in „Filialen" im Alten Johannishospital und in der Deutschen Buchhändlerlehranstalt statt.

Zur Vorbeugung gesundheitlicher Schäden der Großstadtkinder und zum Ausgleich sozialer Schwächen gelang es dem „Verein für Freunde und Förderer der Nikolaischule" 1925 die vakante Oberförsterei Jöhstadt im Erzgebirge in ein Schullandheim zu verwandeln.

Am Ende der Weimarer Republik kam es dann zu einem weiteren Abbau der humanistischen Bildungsinhalte. Der Rückgang der Schülerzahl war durch wirtschaftliche Not in den mittelständischen Familien, die Zukunftslosigkeit vieler akademischer Berufe und den Geburtenrückgang seit 1923 erheblich. 1937 besuchten noch 427 Jungen das Reformrealgymnasium. Der Zweite Weltkrieg brachte mit seinen Einberufungen zur Wehrmacht und den Bombenangriffen der Alliierten auf die Stadt die größten Unregelmäßigkeiten in das Schulleben. Die jüngsten Klassen wurden aus Sicherheitsgründen in das Schullandheim evakuiert.

Mit der Zerstörung des Schulgebäudes während des Bombenangriffes am 4. Dezember 1943 auf Leipzig wurde der bedeutungsvollen Geschichte der ältesten Leipziger Stadtschule ein jähes Ende gesetzt. Zwar erhielt nach 1945 die nahe gelegene Volksschule in der Heinrichstraße den Namen Nikolaischule, es entwickelte sich hier aber später eine Oberschule mit sozialistischen, polytechnischen Bildungsinhalten. Zum 475jährigen Jubiläum im Jahre 1987 rühmte der damalige Direktor in einem Zeitungsartikel lediglich die vergangenen 40 Jahre als die bedeutungsvollste Zeit in der Geschichte der Nikolaischule.

Diese Negierung der Kultur- und Schulgeschichte der Nikolaitana hatte das alte Gebäude auf dem Nikolaikirchhof längst dem Verfall preisgegeben. Tradition und Bedeutung pflegten bis zu diesem Zeitpunkt nur die ehemaligen Schüler, seit 1991 im wiedergegründeten „Nikolaitaner Verein e.V.". Dieser bemüht sich um die Verleihung des ehrenvollen Namens Nikolaischule an ein neuerstandenes Gymnasium, das die Tradition der Schola Nikolaitana Lipsiensis würdig fortzuführen vermag.

Schülermütze am Nikolaigymnasium um 1900.
„Blaue Mütze, goldner Rand, Nikkeltopp wurd' er genannt"

Geschichte des Bauwerkes und seiner Nutzung

Das Renaissancegebäude

Über das Baugeschehen des 1512 eröffneten Gründungsbaus geben die Quellen nur spärlich Auskunft. Aus den Stadtrechnungen geht hervor, daß zunächst das Areal der vorhandenen Küsterei am Nikolaikirchhof für den Schulneubau bestimmt war. Da der Platz aber nicht ausreichte, kaufte der Rat am 31. März 1511 „der Adam balbirerin hauß, an Sant Nicklaß kirchhoff gelegen...zu einer nawen bursen". Noch im selben Jahr wurden Küsterei und Wohnhaus abgebrochen und bis zum Frühjahr 1512 der Rohbau fertiggestellt. Im Herbst konnten die Schulstuben bereits mit Gerätschaften ausgestattet und die erste Stadtschule in Leipzig eröffnet werden. Vermutlich war ein traditioneller Fachwerkbau entstanden, der schon 1553 einen ersten Umbau erfuhr. In dieser zweiten Bauphase wurde das Gebäude „von neuen gantz wieder erbauet". Anzunehmen ist, daß der spätgotische Fachwerkbau abgebrochen und das Haus als massiver, zweigeschossiger Steinbau in Traufenstellung neuerrichtet worden ist (S. 15). Damit wurde der allgemein nun in Sachsen verbreiteten Tendenz, die Häuser statt in herkömmlichem Fachwerkverbund aus Gründen des Feuerschutzes durch Massivbauten zu ersetzen, entsprochen.

Mit dem erweiternden Umbau von 1597 entstand schließlich das Schulhaus, wie es in seiner äußerlichen Gesamterscheinung bis ins 19. Jahrhundert kaum Veränderun-

Die Nikolaischule nach dem Umbau von 1597. Detail der Stadtansicht Leipzigs mit Nikolaikirche und -schule. Kupferstich von Andreas Bretschneider III, 1615

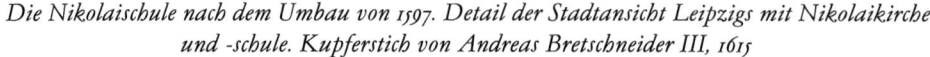

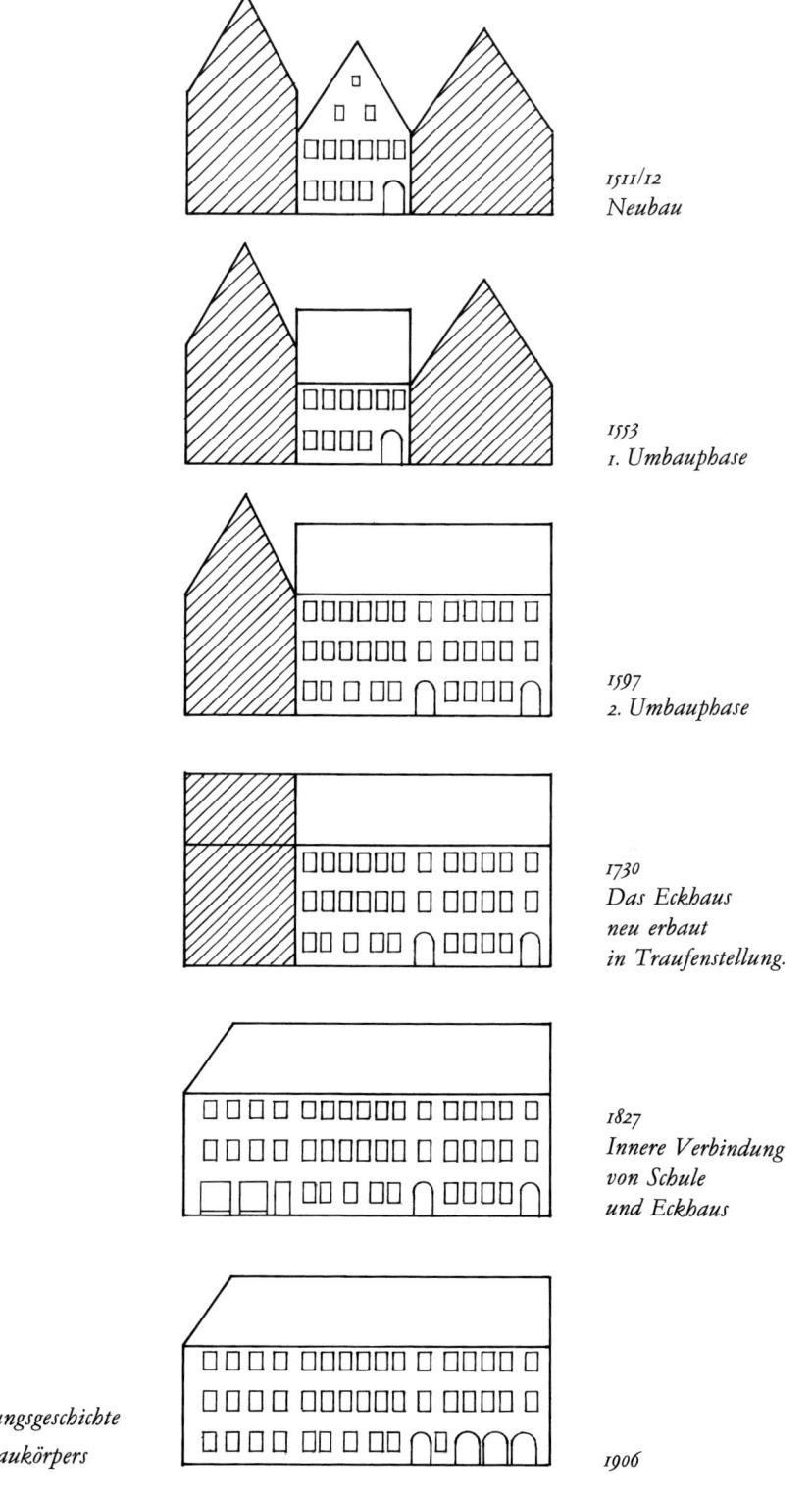

1511/12
Neubau

1553
1. Umbauphase

1597
2. Umbauphase

1730
Das Eckhaus
neu erbaut
in Traufenstellung.

1827
Innere Verbindung
von Schule
und Eckhaus

Entwicklungsgeschichte
des Baukörpers

1906

gen erfuhr (S. 30). Der Leipziger Baumeister Jacob Griebe hatte den vorhandenen Bau mit einem der benachbarten drei Predigerhäuser und der Küsterwohnung dreigeschossig „ganz neu aufgeführt". Das enstandene Stadtschulgebäude entsprach mit seiner schlichten Putzfassade und dem Rundbogenportal aus rotem Rochlitzer Porphyrtuff den charakteristischen Zweckbauten der zweiten Hälfte des 16. Jahrhunderts in Sachsen. Die Strenge der noch immer ungleichmäßig gegliederten Fassadenfronten war lediglich durch ein Schriftband zwischen erstem und zweitem Obergeschoß mit der Weihinschrift

1597, Christo salvatori sacra 97"

(1597, Christus, dem heiligen Erlöser)

und einem Inschriftenfries unter dem Traufgesims mit einem Distichon unterbrochen:

„Auspiciis, bone Christe, tuis schola

surgit amoena;

Fac, sonet ut laudes tempus in

omne tuas."

(„Unter deinem Schutze, guter Christ, erhebt sich die schöne

Schule; mache, daß sie dein Lob für alle Zeit verkünde.")

In einer Mauernische über dem Hauptportal leuchtete das auf den Putz gemalte Wappen der Stadt Leipzig. Damit wurde auf das städtische Patronat hingewiesen. Bis unter die Fenster des ersten Stockwerkes rankende Weinstöcke verbanden die übri-

Stadtwappen

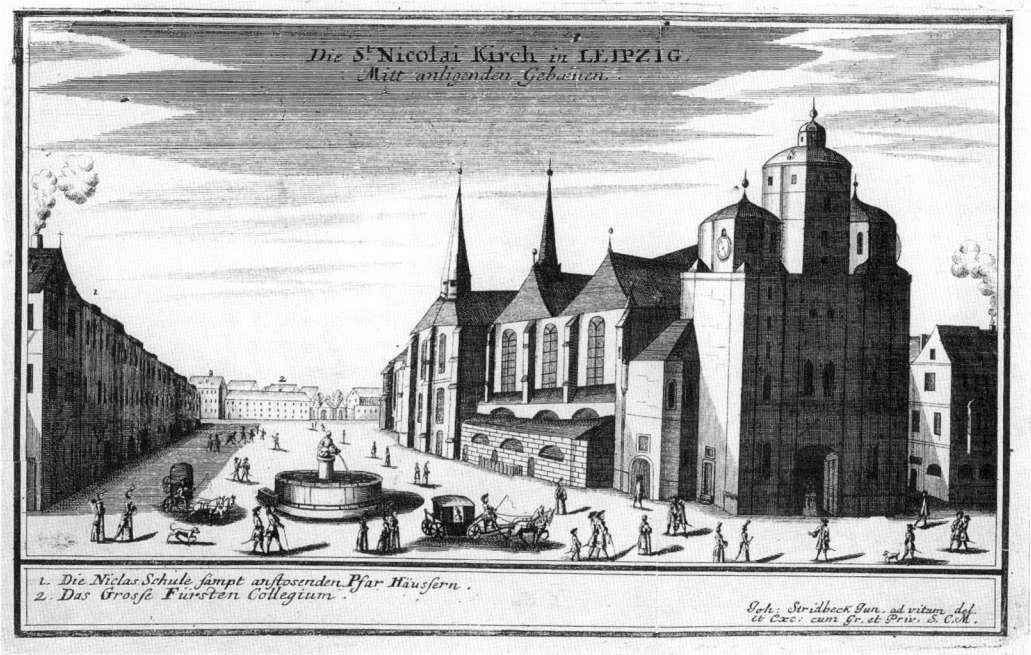

Nikolaikirchhof. Das Eckhaus mit Fachwerkkonstruktion und in Giebelstellung.
Kupferstich von Johann Stridbeck, um 1700

gen Predigerhäuser und das noch nicht zur Schule gehörige Bürgerhaus an der Ecke zur Nikolaistraße mit dem Schulgebäude. Die Geschosse wurden über eine Holzstiege vermutlich in einem Treppenturmanbau an der Hoffassade erschlossen. Über die innere Organisation der Räume am Ende des 16. Jahrhunderts gibt es kaum Zeugnisse. Im Erdgeschoß war hinter den fünf Fensterachsen links des Haupteinganges das größte Klassenzimmer untergebracht. Der rechte Erdgeschoßteil gehörte zunächst zur Wohnung des Schulmeisters. Vier weitere Klassen und Wohnräume der Lehrer waren in den beiden oberen Etagen untergebracht.

Das Schulhaus bis zum Ausgang des 18. Jahrhunderts

Während des Dreißigjährigen Krieges gab es nachweislich keine Bautätigkeit am Schulhaus. Bauliche Veränderungen sind erst wieder für das Jahr 1673 belegt. Die Mauer des linken Hofgebäudes wurde abgebrochen und neu erbaut. Dabei kam es auch zu Veränderungen der inneren Einrichtung. Nach Einschätzung des damaligen Rektors, Magister Jakob Thomasius, war damit eine wesentliche Verbesserung auch für den Ablauf des Schullebens erreicht worden. Der Rektor erhielt nun mit seiner Familie das gesamte erste Stockwerk als großzügige Wohnung, während im rechten Erdgeschoßteil ein Klassenzimmer eingerichtet wurde. Die entstandene Raumgliederung mit nur noch vier Klassenzimmern blieb bis ins 19. Jahrhundert im wesentlichen erhalten.

Nikolaikirchhof. Neu erbautes Eckhaus, jetzt in Traufenstellung. Kupferstich, nach 1730

1679/80 wurden auch die beiden noch vorhandenen Predigerwohnungen um ein Geschoß erhöht (S. 33). Traufe und Dachfirst der Satteldächer waren nun in eine Linie gebracht. Nur das erstmalig 1462 erwähnte Gebäude an der Ecke zwischen Nikolaikirchhof und Nikolaistraße vertrat als Fachwerkhaus in Giebelstellung noch den alten Leipziger Bürgerhaustyp des späten Mittelalters. 1729 veranlaßte der Rat eine Taxierung dieses Hauses, das dem Proconsul Dr. Johann August Hoelzel gehörte. Ein Kaufvertrag über die Summe von 3.300 Taler kam noch im August zustande. Der Stadtrat hatte nicht die Absicht, ein kostbares Haus aufzuführen, sondern eines, daß wie die übrigen an diesem Orte befindlichen geistlichen Gebäude und die Schule beschaffen sei. Damit sollte dieser Teil des Nikolaikirchhofes „an Dache und Fenstern zur Zierde der Stadt in eine Symmetrie" gebracht werden. Das untere steinerne Stockwerk und der Keller blieben erhalten, während die oberen abgebrochen, zwei neue Geschosse und das Dach so aufgesetzt wurden, „daß sie mit der Nicolas-Schulen Gebäude gäntzlich connectiren, und übereinkommen" würden. Die vereinheitlichte Häuserfront der gesamten Nordseite des Kirchhofs blieb bis 1887 beinahe unverändert erhalten (S. 34 und 50). Wenige Jahre später wurde 1738 auch das Schulhaus äußerlich instandgesetzt. Die Jahreszahl dieser Renovierung vermerkte man im Stadtwappen über dem Hauptportal.

Der Bürgermeister und Vizekanzler D. Jacob Born veranlaßte 1747 den Einbau eines steinernen Treppenhauses. Er selbst war einst Nikolaitaner gewesen und wollte den ihm bekannten Übelstand der alten Treppenstiege beseitigen lassen. Zu diesem Zwecke mußte die vorhandene Vorhalle umgebaut werden, denn hier sollte die bis ins zweite Stockwerk reichende Treppe anlaufen. Sie nahm drei der insgesamt vier Achsen der Wirtschaftshoffassade ein und führte durch ihre gegenüber der alten Stiege verhältnismäßig großzügige Anlage zu einer wesentlichen Verbesserung des Schullebens.

Konnte aus den Quellen zum inneren Gebäudezustand bisher nur wenig entnommen werden, dokumentieren Inventarverzeichnisse von 1775 und 1797 diesen nun ausführlich. Im Erdgeschoß und im zweiten Stockwerk waren die Schulzimmer einge-

Rekonstruktion der Grundrisse: im Erdgeschoß (oben) und im zweiten Obergeschoß (unten), einschließlich ihrer Nutzung entsprechend dem Inventar von 1775

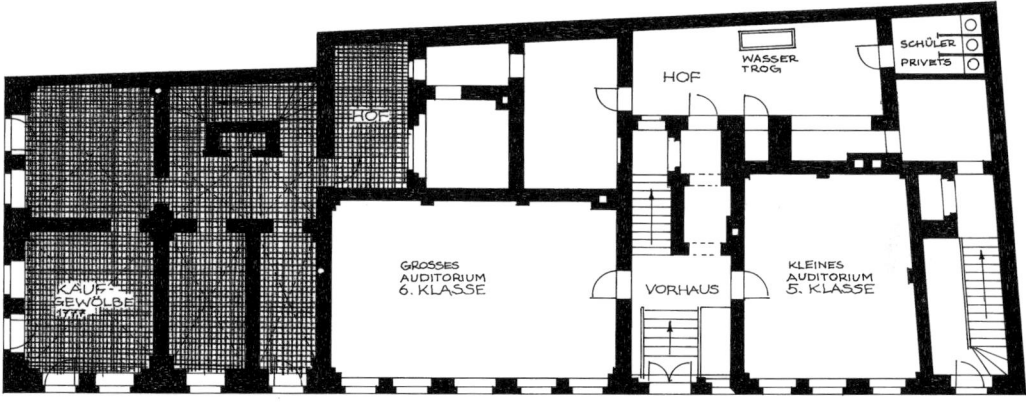

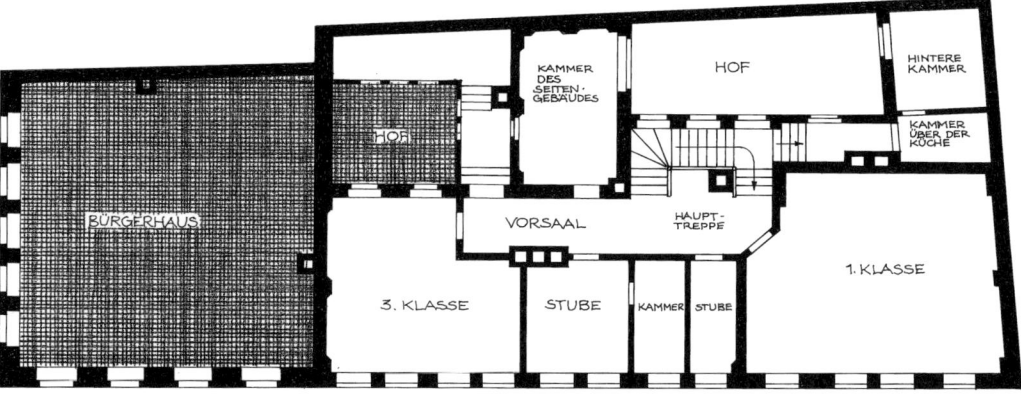

richtet. Der links vom Eingang befindliche größte Klassenraum der Nikolaitana wurde als „Großes Auditorium" bezeichnet und als solches gleichzeitig als Schulsaal genutzt. Im zweiten Obergeschoß befanden sich zwischen den beiden Klassenzimmern die Wohnräume der Lehrer, bestehend aus zwei Stuben und einer Alkovenkammer. Die erste Etage war ausschließlich der Amtswohnung des Rektors vorbehalten. Dazu gehörten sechs, zum Kirchhof in einer Enfilade gereihte Stuben, die auch über einen hofseitigen Korridor erschlossen werden konnten. Diese Wohnung hatte ihren separaten Hauseingang durch die kleine östliche Pforte.

Unter dem Hausflur des Haupteinganges befand sich der zur Amtswohnung gehörende Keller, der aus zwei hintereinanderliegenden Räumen bestand und als Bierlager genutzt wurde. Zwei Trakte auf der Rückseite des Gebäudes umschlossen den alten Wirtschafts- und Schulhof. Dort waren der Wassertrog, die Schülerprivets, Holzkammern und ein Waschhaus untergebracht. Der rechte Hofflügel beherbergte im ersten Stockwerk die Küche und zwei Abtritte der Rektorenwohnung, im darüberliegenden Geschoß zwei Kammern. Der linke Hoftrakt schloß mit der Rückseite des Eckhauses Nikolaistraße einen Lichthof ein. Seine beiden oberen Etagen waren mit einer Kammer und einer Stube für Wohnzwecke eingerichtet.

Aus den Inventarbeschreibungen geht hervor, daß die Erdgeschoßfenster mit äußeren Fensterläden verschlossen werden konnten. Diese Situation zeigt auch der Titelkupfer von 1716. Die Butzenscheiben wurden in der zweiten Hälfte des 18. Jahrhunderts allmählich durch moderne Tafelverglasung ersetzt. Bereits 1797 waren sämtliche alten Fenster mit Belüftungsflügeln und runden Butzen entfernt worden. Kreuz-

Originale Schnittzeichnung mit Hinterhofsituation, nach 1730

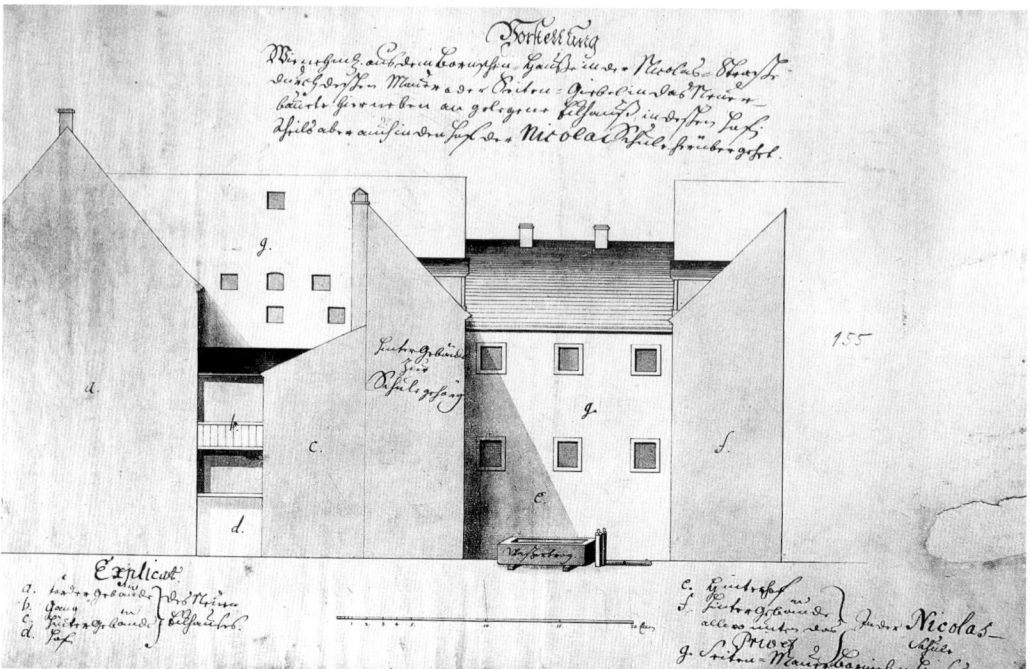

stockfenster mit Sprossengliederung und flachen Klarglasscheiben gehörten nun zum bleibenden Fassadenbild. Eine Erweiterung der Fensteröffnungen begann bereits 1747 mit dem Treppeneinbau.

Das Schulgebäude bis 1872

Der seit 1797 in das Amt des Rektors berufene Magister Gottlieb Samuel Forbiger bemängelte 1820 in einer Schrift an den Rat unter dem Titel „Ansichten, Wünsche und Vorschläge zur Verbesserung der Nikolai Schule" den Mangel an Auditorien für die Gymnasialklassen. Ganz besonders verlangte er nach „einem größeren allgemeinen Auditorio, welches bey öffentlichen Actibus, als Examinibus, Actii oratoriis u.s.w. mehrere Zuhörer faßte als das sogenannte große Auditorium der 5. und 6. Klasse, welches jetzt dazu gebraucht werden muß". In diesem Zusammenhang forderte er im Dachgeschoß die Einrichtung eines bis dahin gänzlich fehlenden Karzers. Auf Grund seiner Vorschläge wurde das Schulgebäude 1827 mit dem Eckhaus innerlich verbunden, nachdem es äußerlich bereits 1730 angeglichen worden war. Für den eigentlichen Schulbetrieb brachte diese Veränderung nur wenig Neuerungen. Das Erdgeschoß blieb davon unberührt. Seine Gewölbe wurden wie schon im 18. Jahrhundert auch weiterhin vom Rat als Kauf-, seit 1816 als Meßlokale vermietet (S. 40), worüber sich Bürger des Grimmaischen Viertels mehrmals beschwerten. Im ersten Stockwerk kam der neunfenstrige, geräumige Raum des Eckhauses als Wohnzimmer zur Amtswohnung des Rektors hinzu. Eine grundlegende Verbesserung für den Schulbetrieb aber bedeutete die Einrichtung der Aula im zweiten Obergeschoß des hinzugekommenen Hauses. Schon am 15. Oktober 1827 wurde der „geschmackvoll dekorierte Versammlungssaal" feierlich eingeweiht. Vermutlich unter der Leitung des Stadtbauinspektors August Wilhelm Kanne (1783-1827) war ein Schulsaal entstanden, dessen bescheidene Ausstattung vor allem durch eine sehr einfache, illusionistische Architekturmalerei und ein Portal mit sparsamen Stuckverzierungen geprägt war. Der andauernde Bedarf an Unterrichtsräumen bedingte, daß der Raum nicht ausschließlich für offizielle Anlässe, Versammlungen und Konferenzen zur Verfügung stehen konnte, sondern hier Unterricht aller Klassen, beispielsweise in Musik und Latein, stattfinden mußte. Deshalb war er neben der repräsentativen Ausstattung auch mit Schulbänken und -tafeln eingerichtet.

Die einstigen Wohnräume der Lehrer im selben Stockwerk waren bei der inneren Verbindung der beiden Häuser zu Klassenzimmern umgenutzt und fünf Jahre später zu einem großen Auditorium verbunden worden. Über dem Schulsaal entstand im unteren Dachgeschoß eine Wohnung mit einer Stube und drei Kammern für den Schulaufwärter. Diese war in der Hauptsache nur aus Brettverschlägen zusammengesetzt, und es bedurfte einiger Anträge, um die Räume wohnlicher zu gestalten.

Die Raumausbildung hatte sich wohl seit dem ausgehenden 16. Jahrhundert kaum verändert. So wies Rektor Nobbe 1836 in einem Schreiben an den Stadtrat erneut darauf hin, daß die Türen erhöht werden müßten, damit „die Lehrer nicht mehr oben anstoßen, ein Übelstand, wie er sich hier an dieser Schule findet", und über welchen er die Lehrer von Beginn seiner Amtszeit an habe klagen hören. Noch 1836 wurden die angemahnten Veränderungen ausgeführt.

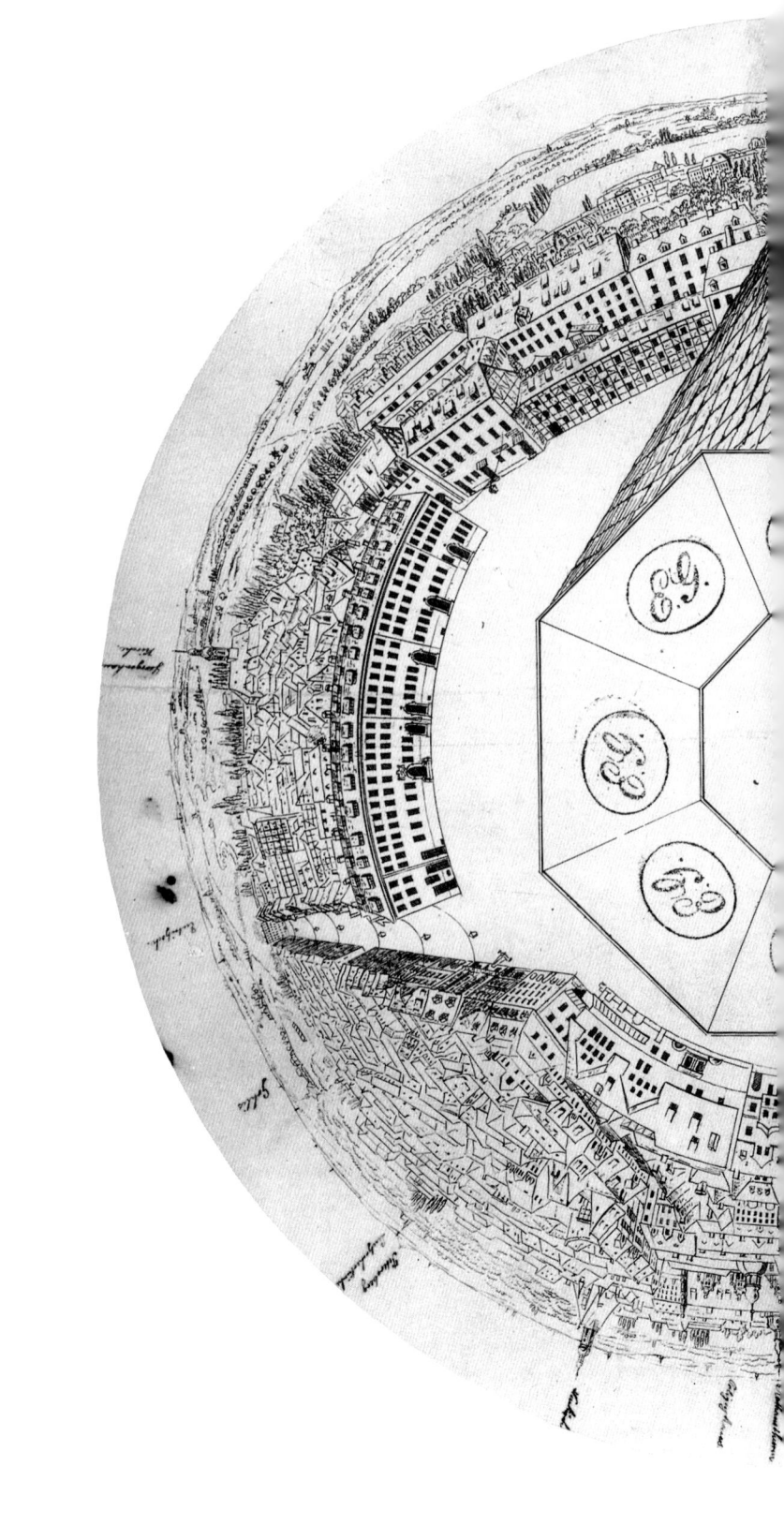

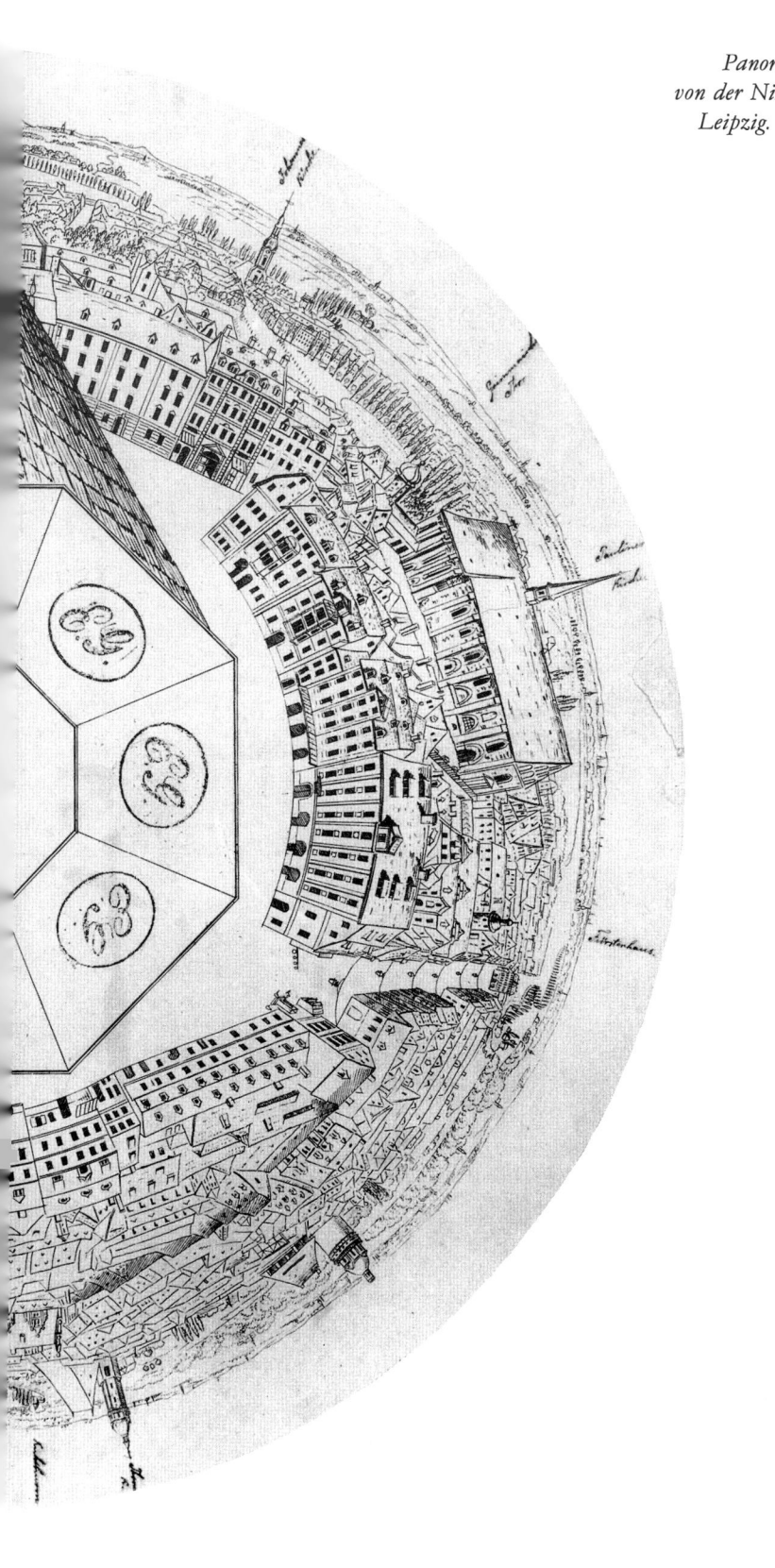

Panoramabild der Stadt
von der Nikolaikirche aus gesehen.
Leipzig. Kupferstich, um 1830

Ansicht der Nikolaischule von Südosten. Lithographie von A. Werl, um 1850

Die seit ihrer Gründung 1779 auf annähernd 1 580 Bände erweiterte Schulbibliothek wurde vermutlich im Dachgeschoß untergebracht, wo bereits 1797 eine Bibliotheksstube vorhanden war. Das Dach war 1827 zur Nikolaistraße hin abgewalmt worden und dahinter ein größerer Raum mit einem verzierten Erkerfenster entstanden.

1844 konnte auf Vorschlag Nobbes ein physikalisches Kabinett eingerichtet werden. Der Leipziger Baudirektor Albert Geutebrück (1801-1868) hatte in einem Gutachten dafür eine dunkle Kammer im zweiten Stockwerk bestimmt, die hofseitig an das Primanerauditorium anstieß und ihm als geeignet erschien. 1854 ließ er die bereits zuvor als „große Sprünge im Eckhaus" bezeichneten Mauerrisse in der westlichen und südlichen Umfassungsmauer der ersten und zweiten Etage durch große Eisenanker umklammern. Im Dachstuhl wurde ein Hängewerk aus Eisen eingesetzt. Auf Grund der Risse im Mauerwerk schlug Geutebrück 1857 für den Bereich der erdgeschossigen Kaufgewölbe vor, zwei eiserne Säulen unter die Fensterbögen zu setzen und damit den Schub gegen die Eckpfeiler aufzuheben. Dieser konstruktive Eingriff war infolge der Nutzung der Gewölbe als Verkaufs- und Meßlokale mit einer praktisch-nützlichen sowie ästhetischen Veränderung verbunden. Zur Rahmung einer Tür setzte man zwei gußeiserne Säulen ein und öffnete die Fassade mit großen Schaufenstern.

Die für den Schulbetrieb zunehmend schwierige, beengte räumliche Situation veranlaßte den Rat, 1769 zwei Räume im anstoßenden Hintergebäude des Nachbarhauses Nikolaistraße anzumieten, die dann bis 1872 als Klassenzimmer genutzt wurden. Die schlechten Lichtverhältnisse erforderten auch bei Tage Gasbeleuchtung, was den klimatischen Bedingungen außerordentlich schadete. Die Schüler klagten über Kopfschmerzen und Übelkeit.

Die jahrhundertelang geübte Sparsamkeit bei der Erhaltung des Schulgebäudes hatte den Bauzustand insgesamt erheblich verschlechtert. Bautechnische Veränderungen oder Modernisierungen der Ausstattung konnten kaum durchgesetzt werden.

Archäologische Kleinfunde, vermutlich um 1500
Reste von Deckentäfer, zweite Hälfte 17. Jahrhundert

Grundrisse von Erdgeschoß und zweitem Obergeschoß mit Baugeschichte 1512–1872

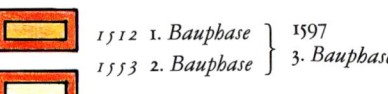 1512 1. Bauphase
1553 2. Bauphase
} 1597
3. Bauphase

 1462 1. Bauphase
1730 2. Bauphase

 1827 Verbindung mit
Nikolaischule

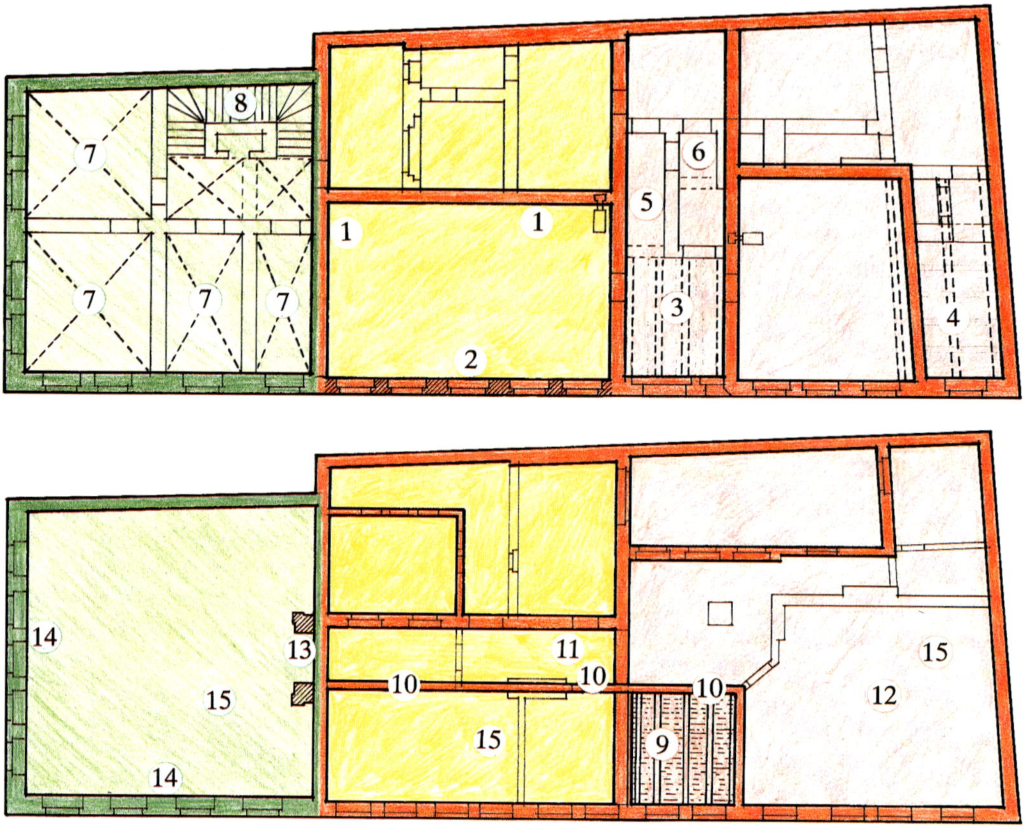

Befunde

1 Inschriften verm. 1597

2 Natursteinkonsolen verm. 1597

3 Bemalte Holzbalkendecke verm. 1597

4 Monochrom gefaßte Holzbalken verm. 1597

5 Treppenhaus 1747

6 Sandsteinfußboden 1747

7 Kauf- und Messgewölbe 1730

8 Treppe 1730

9 Gemalte Holzdecke, 1884 darunter Lehmstakendecke, gemalt verm. 1597

10 Sichtbare Fachwerkwand, bemalt verm. 1597

11 Gemalte Putzdecke verm. 1597

12 Reste bemalter Deckentäfelungen 17. und 18. Jahrhundert

13 Klassizistisches Portal mit Stuckverzierungen 1827

14 Illusionistische Architekturmalerei 1827

15 Lärchendielung zweites Drittel 19. Jahrhundert

DAS ALTE SCHULHAUS
NACH 1872

Abrißforderung durch Leipzigs Bürgermeister
Bruno Tröndlin

Nachdem die Nicolaitana ihr neues Schulhaus in der Königstraße bezogen hatte, setzte zunächst eine Periode zunehmenden Verfalls des alten Stammgebäudes am Nikolaikirchhof ein. Der äußerliche Zustand des Hauses erregte schließlich öffentliche Kritik. In der Plenarsitzung vom 1. Februar 1879 forderte deshalb Bürgermeister Bruno Tröndlin, daß die Frage des Abbruches des alten Schulhauses sowie der gesamten Front, das heißt einschließlich der Predigerhäuser, zu erörtern sei und die Angelegenheit der Finanz- und Baudeputation, unter Einbeziehung des Kirchenausschusses, übergeben werden müsse. Der Rat der Stadt teilte den Stadtverordneten anschließend folgendes mit: „Das Ansehen des Gebäudes ist ein so unwürdiges, daß der Abputz nicht unterlassen werden kann, wie denn auch der Kirchenvorstand zu St. Nikolai ebenmäßig den Abputz der benachbarten geistlichen Gebäude beschlossen hat; es sind soviel lockere Putzflächen vorhanden, die herabzufallen drohen, daß wir wohlfahrtspolizeilich verpflichtet sind, diese lockeren Flächen abzustoßen, wonach sich der Anblick des Gebäudes noch erheblich verschlechtert." Der Bauausschuß erteilte für die geplanten Kosten des Neuputzes von 1.800 Reichsmark keine Genehmigung, sondern forderte den Rat auf, eine Vorlage über den Abbruch des Gebäudes und einen Neubau zu ermitteln. Dem wurde seitens des Rates entgegnet,

Ansicht von Südwesten ein Jahr nach Auszug des Nikolaigymnasiums.
Lichtdruck von Naumann, 1873

daß an einen solchen Abriß in den nächsten Jahren nicht gedacht werden könne, da der Kirchenbesitz nicht geregelt und die neue Bauflucht nicht festgestellt sei. Am 22. April desselben Jahres bekräftigte der Rat nochmals in einem Schreiben an die Stadtverordneten seine Forderung nach Bewilligung des Neuabputzes der Fassade: „Das Ansehen des Schulgebäudes ist ein so unwürdiges, daß es der Stadt Leipzig nicht ansteht diesen Zustand auch nur wenige Jahre fortbestehen zu lassen, zumal die zur Wiederherstellung erforderlichen Kosten verhältnismäßig gering sind und für eine Stadt wie unser Leipzig wohl kein Hindernis bieten können. Hinzu kommt, daß wir zur Zeit das Nikolaischulgebäude für Schul- und andere städtische Zwecke nicht entbehren und daher auch eine geraume Zeit nicht an dessen Abbruch denken können." Der Bedarf an Lokalitäten für Steuer- und Abgabewesen wurde auch in Zusammenhang mit dem damals tatsächlich geplanten Abriß des alten Renaissancerathauses am Markt betrachtet, da dem darauffolgenden Raummangel abgeholfen werden mußte. Schließlich genehmigte der Rat den Neuputz des alten Schulhauses und die Arbeiten wurden ausgeschrieben. Den Zuschlag erhielt der Leipziger Maurermeister Otto Leonhard, der 1879 Neuputz und Anstrich der Fassade ausführte.

Multikommunale Nutzung um 1900

Sieben Jahre nach dem Auszug der Nicolaitana war die Hauptnutzung des Gebäudes auch 1879 noch ungeklärt. Die alten Klassenzimmer wurden von der IV. Bürgerschule und der Realschule, 1877 auch von der Thomasschule bei Mangel an Unterrichts- oder Veranstaltungsräumen genutzt. Das ehemalige Vorhaus bzw. der Hausflur zur Rektorenwohnung wurde nun ebenso wie die Erdgeschoßgewölbe des Eckhauses als Meßlokal und außerhalb der Messe als Niederlage vermietet. Für das alte Schulhaus begann die Periode einer wechselvollen Nutzungsgeschichte. 1876 zog die Volksbibliothek ein, 1877 mietete der Börsenverein Deutscher Buchhändler die alte Schulaula für Veranstaltungen anläßlich seiner Ostermessenausstellung an. Der Buchhändler-Verein nutzt drei Zimmer für seine Lehranstalt. Dem Leipziger Künstler-Verein wurde 1878 auf Initiative seines Vorsitzenden Oskar Mothes im Erdgeschoß ein Raum als Bilderdepot während einer Gemäldeausstellung in der benachbarten Buchhändlerbörse zur Verfügung gestellt. Die Aula ermietete nun die Fachschule für Maler- und Lackiererlehrlinge zu Unterrichtszwecken. 1879 waren im Haus die Filiale der Stadtsteuereinnahme, der Verein zur Verbreitung von Volksbildung und die Buchhändler-Lehranstalt untergebracht. Aber nicht nur die Haupträume des alten Schulhauses, sondern auch sämtliche Nebengelasse wurden vom Rat vermietet, so der ehemalige Holzstall und das Waschhaus im Wirtschaftshof an die Grünwarenhändlerinnen vom Nikolaikirchhof, und 1883 der große Keller und die kleinere Kellerabteilung. Erst 1886 endete diese breitgefächerte Nutzung für geraume Zeit. Die Königliche Baugewerkenschule unter Leitung ihres Rektors Wilhelm Hey schloß zu diesem Zeitpunkt einen Mietvertrag über das gesamte erste und zweite Obergeschoß einschließlich der Aula ab, vermietete aber einen Teil der Räume an die polytechnische Gesellschaft des Gewerbevereins, des Vereins für Volkswohl und des Samariter-Vereins. Bereits zwischen 1889 und 1895 wurde das gesamte Gebäude der Ortskranken-

Ansicht der Arkaden bei Eröffnung der Königlichen Garnisonshauptwache, 1906

kasse übergeben. In den Erdgeschoßräumen einschließlich der Meß- und Kaufgewölbe etablierte sich bis 1897 das Krankenversicherungsamt. Im selben Jahr bezog die Königlich-Sächsische Garnisonsverwaltung die Räume des ersten und gemeinsam mit dem königlichen Bezirkskommando das zweite Stockwerk. Zur gleichen Zeit vermietete der Rat die Erdgeschoßgewölbe des Eckhauses an die Erste Sanitätswache des Samariter-Vereins, die in den alten Meßlokalen einen Operationssaal, Warte- und Vorzimmer einrichtete. 1907 waren die Königliche Garnisonshauptwache und die Erste Polizeiwache die Hauptmieter.

Der Erste Weltkrieg brachte wiederum radikale Veränderungen: Das alte Schulhaus diente nun als Massenquartier für Truppentransporte. Die engen Schlafräume waren zum Teil mit über 100 Mann belegt.

1919 stellte das K.K. Österreichische Handelsmuseum den Antrag, im Zuge der vom Messeamt angestrebten Internationalisierung der Messe ein Deutsch-Österreichisches Messekaufhaus in der alten Nikolaischule zu etablieren. Außerhalb der Messe sollten dann die Räume für Repräsentationszwecke der hiesigen Deutsch-Österreichischen Ausstellung genutzt werden. Außerdem waren Büroräume des Handelsmuseums vorgesehen. Schließlich gedachte man die Nikolaischule in ein neues modernes Messekaufhaus umzuwandeln, das gleichzeitig die erste repräsentative Ausstellung eines anderen Staates in Leipzig beherbergen würde. Diesem Antrag stand der Rat mit Wohlwollen gegenüber. Die Entscheidung des Antragstellers fiel dann aber zugunsten des „Hotel de Pologne" in der Hainstraße, das vom Handelsmuseum inzwischen für 3 Millionen Mark angekauft worden war.

Erwähnenswert sind noch die musealen Expositionen, die in dem vielgenutzten Haus eingerichtet wurden. Im großen Eckzimmer des ersten Stockwerkes an der Nikolaistraße konnte seit 1896 das sogenannte Kaiser-Panorama besichtigt werden. Das Programmheft kündigte ein Diorama mit Kaiser Wilhelm I. in seinem Arbeitszimmer im königlichen Palais unter den Linden an.

1906 wurde der Stadt Leipzig die Kunstsammlung des Juweliers Jost als Schenkung übergeben. Es handelte sich um eine historische Sammlung von Kunstgegenständen aus der Zeit Napoleon I., speziell der Freiheitskriege von 1790 bis 1821. Die Sammlung

Grundrißskizze der Verwaltung der Königlichen Garnison für den Einbau des Wachraumes mit vorgeblendeter Arkadenhalle, 1906

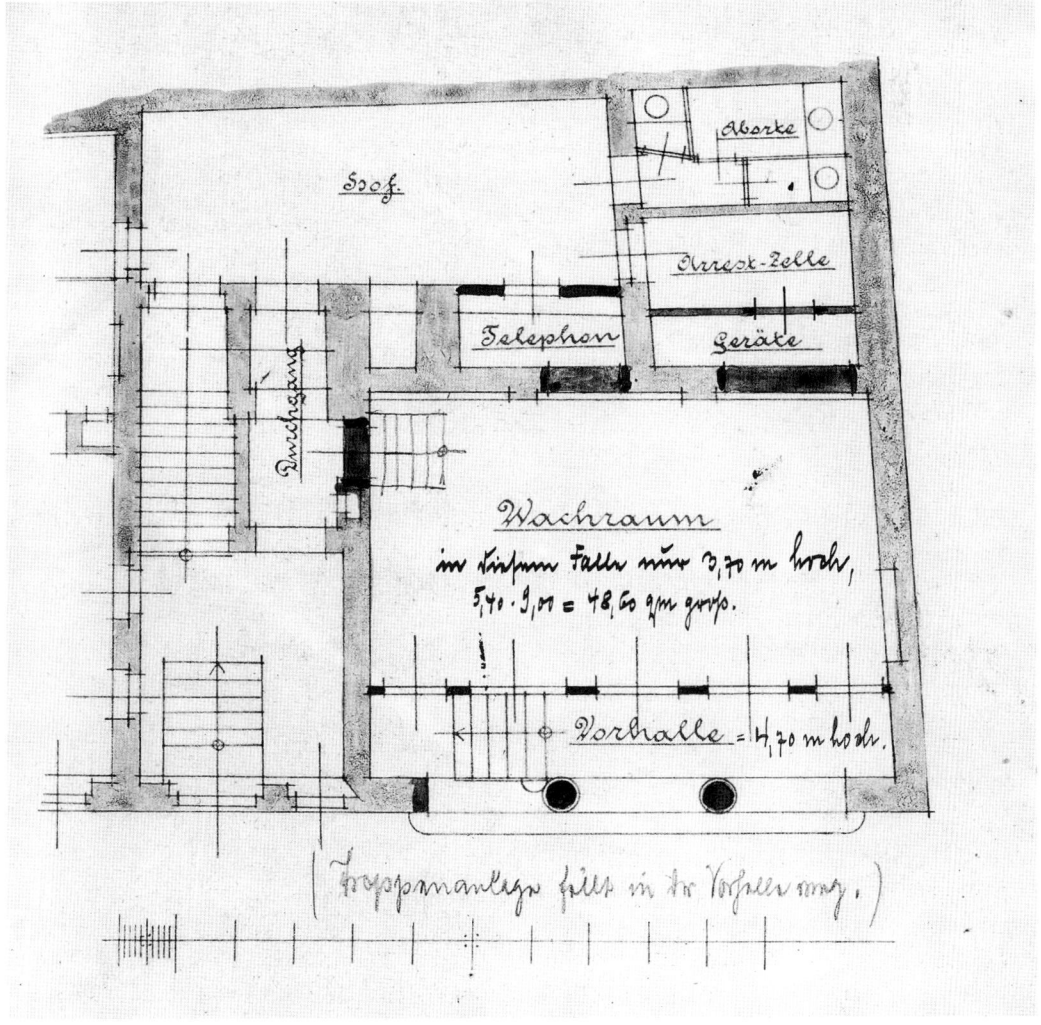

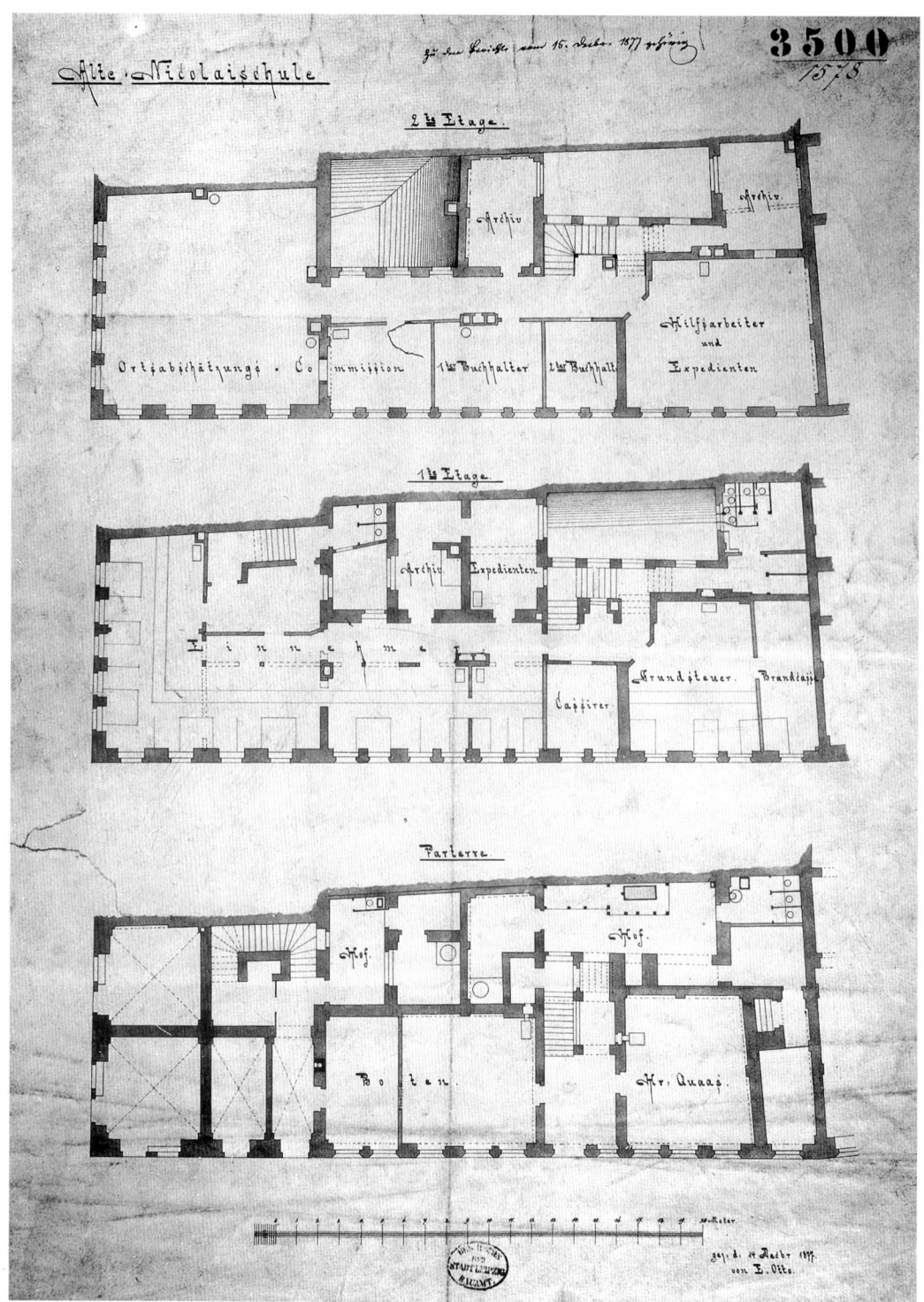

Grundriß, 1877

Ansicht des Eckhauses Nikolaistraße/Ecke Nikolaikirchhof. Fotografie von Hermann Walter, 1896

umfaßte vor allem eine Bildergalerie, unter anderem mit seltenen Karrikaturen des französischen Kaisers, aber auch Nippsachen, Waffen, Fundstücke, Plakate, Gebrauchs- und Schmuckgegenstände sowie Münzen und Medaillen aus napoleonischer Zeit. Diese Sammlung fand in der Nikolaischule über mehrere Jahre ihren Ausstellungsort. Später war sie in Leipzig-Stötteritz in einem Haus in der Schönbachstraße, wo nun zur Exposition auch ein detaillierter Katalog gehörte, zu besichtigen.

In der Aula zeigte man seit 1914 eine Ausstellung von Menukarten und sonstigen Drucksachen aus dem Gastwirtsgewerbe.

Veränderungen der alten Bausubstanz

Bei all diesen Nutzungen kam es zu zweckentsprechenden Veränderungen der inneren Struktur des Hauses. Die alten Grundrißdispositionen und Raumbildungen wurden dabei beinahe vollständig zerstört. Im Ratsrißarchiv des Stadtarchivs Leipzig haben sich Grundrißzeichnungen erhalten, die 1877 für einen Bericht bezüglich der geplanten Unterbringung von Amtsstuben im gesamten Schulgebäude angefertigt wurden (S. 54). Sie zeigen, wie das alte Schulhaus durch entsprechende Modifizierungen in einen Verwaltungsbau umgewandelt werden sollte. Diese Veränderungen wurden aber auf Grund des Nutzerspektrums dann weniger planmäßig durchgeführt.

Der innere Umbau hatte schon 1890 beim Einzug der Ortskrankenkasse Konsequenzen für das alte Fassadenbild. Die Schaufenster an der Ecke Nikolaikirchhof und Nikolaistraße wurden zu Fenstern umgebaut. Ihre Öffnungen erhielten Natursteingewände, die sowohl in Material als auch Gestaltung nach den vorhandenen in den Obergeschossen gefertigt wurden (S. 55).

Infolge der Vermietung der östlichen Erdgeschoßräume an die Königliche Garnisonshauptwache waren 1906 aus praktisch-funktionellen Gründen bauliche Veränderungen erforderlich geworden, die das überkommene Fassadenbild nun wesentlich veränderten. Die vier östlichen Erdgeschoßfensterachsen wurden durch Arkaden geöffnet (S. 52). Der Umbau erfolgte unter der Leitung des Leipziger Bauinspektors Emil Friedrich Rayher, der auch den Entwurf für das Städtische Kaufhaus Leipzig geliefert hatte. Die planerische Zeichnung lieferte die Königliche Garnison selbst (S. 53). Die Baugeschichtsforschung zur Nikolaischule ging bisher davon aus, daß der Stadtbaurat Hugo Licht mit dieser Veränderung die Fassade des Schulhauses an den unter seiner Leitung 1886/87 entstandenen Neubau des benachbarten Predigerhauses habe ästhetisch angleichen wollen. Die neuerliche Quellenforschung aber ergab, daß der Umbau vielmehr pragmatische Gründe hatte. Die Garnisonswachleute sollten hier ihre Waffen ablegen und sich selbst bei Regen unterstellen können. Mit dieser Fassadenöffnung war die Veränderung des Hauptportals und seines Rundbogengewändes verbunden, denn auch das Platzterrain mußte abgesenkt werden.

Mit der Vergrößerung der Ersten Polizeiwache, von der die dahinterliegenden Räume genutzt wurden, kam es später zu einem baulichen Eingriff in der Westfront. Ein zweites Portal war erforderlich und durch Öffnung des Mauerwerks in der zweiten Fensterachse eingerichtet worden. Von hier aus erreichte man das Wachtmeister- und Mannschaftszimmer, eine Schreibstube, einen Schlafsaal, Vorsaal, den eigentlichen Wachraum und ein Schrankzimmer. Vom inneren Umbau war auch das erste Obergeschoß mit der Einrichtung eines Schlafsaales der Polizeiwache und eines Reserveraumes betroffen. Dieser räumlichen Neuordnung ging 1919 die Einschätzung einer Prüfungskommission des Verbandes Sächsischer Polizeibeamter voraus, die in ihrem Bericht zu dem Ergebnis kam, daß „die dortigen Verhältnisse als unhaltbar bezeignet" werden müssen. „Die I. Wache als größte Wache der Stadt ist in einem baufälligen, aus dem 15. Jahrhundert stammenden, den Anforderungen in keiner Weise gerecht werdenden Gebäude untergebracht. Ein intensiver modriger Geruch, zeitweilig ein durch den innerhalb der Wohnräume eingebauten Abbortes herrührender Gestank, machen den Aufenthaltsort oftmals zur Unmöglichkeit." Am Gebäudezustand hatte sich offenbar seit der Einschätzung des Bauwerks durch den Leipziger Bürgermeister Tröndlin, vier Jahrzehnte zuvor, wenig geändert. Schon die Schulrektoren Forbiger und später Nobbe hatten immer wieder die schlechten Raumbedingungen für einen modernen Schulbetrieb des 19. Jahrhunderts bemängelt.

Die Alte Nikolaischule, 1988

Das Schulhaus bis 1989

Das alte Schulhaus hatte die Bombenangriffe auf Leipzig während des Zweiten Welt-krieges gut überstanden; die Bausubstanz blieb erhalten. Ab 1953 nutzte die jetzt unter dem Namen „Karl-Marx" lehrende Leipziger Universität als neuer Rechtsträger das Gebäude zu Unterrichtszwecken. Bis zur endgültigen bauaufsichtlichen Sperrung des gesamten Hauses im Jahre 1976 hielt hier auch die Bau- und Handelshochschule Seminare ab. Obwohl in den Erhalt des Baudenkmals kaum investiert wurde, stellten die politisch Verantwortlichen auf Grund der kultur- und kunsthistorischen Wertigkeit offiziell die Frage nach dem Abriß nicht. Trotz Nutzung für Bildungszwecke blieb die dringend erforderliche Sanierung allerdings aus (S. 57). Die baufälligen Wirtschaftsflügel im Hof und das barocke Treppenhaus wurden schließlich 1986 abgebrochen.

Ansicht von Nordwesten während des Abtragens der benachbarten Kriegsruine Nikolaistraße, 1968

Nikolaistraße am 18. September 1989. Fotografie von Gerhard Gäbler

Noch im Herbst 1989 war in einem Aufsatz in den „Leipziger Blättern" über die alte Nikolaischule zu lesen, daß trotz einer Vielzahl zu lösender Bauaufgaben in Leipzig nicht der Eindruck erweckt werden dürfe, daß in diesem Denkmal ein Stiefkind zu sehen sei. „Es gibt genügend Beispiele in der DDR, wie sich die Arbeiterklasse unseres Reichtums historischer Entwicklung und der Bewahrung fortschrittlichen Kulturerbes mit Liebe zum historischen Detail angenommen hat. Auch hier ist nach unseren Prinzipien der Denkmalpflege die Wiederherstellung glaubwürdiger Identität unverzichtbar." Die Diskussion über das alte Gebäude der Nicolaitana als

Geschichts- und Kunstdenkmal begann also zu einem Zeitpunkt, als das Gebäude beinahe zur Ruine verkommen und der Zusammenbruch des politischen Systems der DDR abzusehen war. Der 1989 errichtete Bauzaun grenzte weitläufig das Areal des Nikolaikirchhofes ein, von wo die Demonstrationen über den innerstädtischen Ring nach den Friedensgebeten in der Kirche ausgingen. Auch noch zu diesem Zeitpunkt galt als Zielsetzung, daß „die Restaurierung des Gesamtdenkmals nur so erfolgen darf, daß seine äußere Gestalt, im Ostflügel von entstellenden Zutaten aus der historisierenden Epoche des Imperialismus befreit, in ihrer glaubwürdigen Wirkung auf unser Geschichtsbewußtsein mit der Renaissance-Fassade von 1597, einschließlich ihrer Elemente, wiederhergestellt" werde.

DIE SANIERUNG

Am 10. Oktober 1990 wurde durch Beschluß der Stadtverordnetenversammlung das Baudenkmal Alte Nikolaischule an die Kulturstiftung Leipzig übertragen. Der Bauherr stellte sich die Aufgabe, das Gebäude behutsam zu sanieren und eine denkmalverträgliche, kulturelle Nutzung zu finden. Als grundlegende Zielsetzung bei der Wiederherstellung wurde der weitestgehende Erhalt des Bestandes und damit die Wahrung der historischen Authentizität gefordert. Das bedeutete, daß auch jüngere Bausubstanz akzeptiert und nicht ein bestimmter geschichtlicher Zustand rekonstruiert werden sollte. Es hieß, Originalteile nur zu reparieren und nicht auszutauschen. Einschränkende Kompromisse dieses denkmalpflegerischen Herangehens waren durch die Neunutzung und dementsprechende technische Forderungen bedingt.

Mit der Planung beauftragte der Bauherr die Architekten Hinrich Storch und Walter Ehlers aus Hannover, in Partnerschaft mit dem Leipziger Rüdiger Sudau.

Quellenforschung

Dem alten Schulgebäude war wohl auf Grund seines schlechten Bauzustandes auch in Fachkreisen wenig Beachtung geschenkt worden. Die von Cornelius Gurlitt 1895 formulierte kurze Beschreibung enthielt im wesentlichen Daten zur Baugeschichte, die durch die Forschung nicht bestätigt werden konnten. Im 1908 erschienenen Handbuch der Deutschen Kunstdenkmäler von Georg Dehio wird das Gebäude nur mit einer Bemerkung erwähnt: „Die Nikolaischule, 1568, umgebaut 1746, jetzt Hauptwache." Auch in der 1965 überarbeiteten Auflage für die damaligen Bezirke Dresden, Karl-Marx-Stadt und Leipzig war lediglich zu lesen: „Alte Nikolaischule (Am Nikolai-Kirchhof) als älteste Stadtschule 1512 gegr., schlichter verputzter Backsteinbau von 1568, umgebaut 1746."

Am Beginn des Sanierungsvorhabens stand deshalb eine gründliche Quellen- und Bauforschung. Die bis dahin vorhandenen Kenntnisse über die Entwicklungsgeschichte des Gebäudes sowie seine kunst- und architekturhistorische Bewertung konnten nun wesentlich vertieft werden. Erst nach Auswertung noch unerforschter archivalischer Quellen war es möglich, vorhandene Lücken zu ergänzen und falsche Interpretationen zu baulichen Veränderungen zu korrigieren. Bauarchäologische Untersuchungen begleiteten den gesamten Sanierungsablauf.

Vor allem die Ratsbeschlüsse und die Stadtrechnungen des 15. und 16. Jahrhunderts gaben Auskunft über die Gründungs- und Erbauungsjahre sowie das Geschehen in einer Schule im Zeitalter der Reformation. Gustav Wustmann erläuterte diese Quellensituation bereits 1898 in seinen „Urkundlichen Beiträgen zur frühesten Geschichte der Nicolaischule". Er hatte die Stadtrechnungen im Hinblick auf das Baugeschehen und die Unterstützung der Schule durch den Rat durchgesehen. Während bis zur Reformation die Ausgaben für Kirchen und Schulen unter der Rubrik „Zufällige Ausgaben" registriert waren, wurde die Summe für die zweite Bauphase der Nikolaischule 1553 zwischen einem Posten für den Festungsbau und einem für den Ankauf von 10 Paar Ochsen vermerkt. Nach der Reformierung des städtischen Rechnungswesens unter Bürgermeister Hieronymus Lotter aber gab es seit 1556 sogar ein besonderes Konto für Kirchen- und Schuldiener.

Zwischen 1670 und 1676 hatte Jakob Thomasius während seiner Amtszeit als Rektor mit der Acta Nicolaitana et Thomana den Grundstein für die dann von seinen Nachfolgern weitergeführte Schulchronik gelegt. Darin wurden nicht nur die bedeutenden Zeitereignisse innerhalb eines Schuljahres vermerkt, sondern auch Nachrichten zu baulichen Veränderungen registriert. Die Überlieferungen zu den Verhältnissen an der Thomasschule waren allerdings immer wesentlich umfangreicher als die zur Nicolaitana.

Die insgesamt schlechte Quellenlage bemängelte noch 1826 der damalige Rektor der Schule, Magister Albert Forbiger. Er begründete damit die Unvollständigkeit seiner Darstellung der Geschichte der Nikolaischule. Über deren Ursprung hatte 1821 sein Vater eine Schrift unter dem Titel „Disp. de causis et initiis scholae Nicol. Lips." herausgegeben. Die Einrichtung des Schulhauses und die Nutzung seiner Räume waren erst aus den Inventarverzeichnissen des 18. Jahrhunderts detaillierter bekannt. Um 1800 unternahm der von 1760 bis 1796 als Magister Tertius an der Nicolaitana tätige Friedrich Gottlob Hoffmann handschriftlich den „Versuch einer historischen Beschreibung der beyden Stadtschulen zu S. Thomä und zu S. Nicolai in Leipzig". Das ausführliche Manuskript enthielt neben einer Beschreibung des äußeren und inneren Gebäudezustandes bis 1840 geführte Nachträge zur Geschichte der Schule. Die Quellensituation für das 19. Jahrhundert stellt sich bei weitem günstiger dar. Bauakten, Nutzungskonzeptionen, Kontrakte zur Vermietung der einzelnen Etagen nach dem Auszug des Gymnasiums 1872 und kommunale Verwaltungsakten geben Einblick in die Geschichte des alten Schulgebäudes bis in die zwanziger Jahre unseres Jahrhunderts. Für die folgenden Jahrzehnte, vor allem seit den fünfziger Jahren konnten nur spärlich Unterlagen zusammengetragen werden.

Bauforschung und restauratorische Untersuchungen

Die Bauforschung umfaßte zunächst die Untersuchung der Fassadenzustände seit dem 16. Jahrhundert. Bei den Putzuntersuchungen waren kaum Reste einer Renaissancefassung nachweisbar. Für den Fassadenzustand des 18. Jahrhunderts wurde ein dünnlagiger Glättputz mit Spuren eines farbigen Oberflächenanstriches, aber ohne Eckquaderung festgestellt. Das zu dieser Zeit noch separate Eckhaus hingegen war offenbar in der für die Leipziger Wohnbauten des Bürgerbarock typischen Fassadenbemalung gestaltet. An der westlichen Gebäudeecke wurde eine aufgemalte Quaderung, grau auf weißem Fond und schwarzem Fugenstrich gefunden.

Bereits als die Sanierungsarbeiten an der Fassade begonnen hatten, wurde beim Entfernen der alten Putzschichten über dem Hauptportal am Nikolaikirchhof eine Mauernische gefunden. Ihre Öffnung ergab die Freilegung der gemalten Darstellung des Leipziger Stadtwappens in zwei übereinanderliegenden Fassungen vermutlich von 1597 und 1680 (S. 108, oben). Daß an dieser Stelle ein Wappen vorhanden sein mußte, ging aus den Quellen hervor und war aus den älteren Stichvorlagen ersichtlich (Frontispiz). Damit sollte äußerlich dokumentiert werden, daß die Schule unter städtischem Patronat stand. In den Akten der Nikolaischule hatte 1859 Rektor Nobbe die Wiederherstellung des Stadtwappens zum Zeichen der Zugehörigkeit der Niko-

Originalfenster am Fundstandort Nordfassade, 1991

Renaissance-Dachstuhl, 1991

Kellergewölbe, 1991

Zustand des altes Vorhauses (Eingangshalle), 1991

laischule zur Stadt und zur Unterscheidung von den anderen zusammenhängenden kirchlichen Nachbargebäuden vermerkt. So sei „diese Stätte aus dem langen Zustande der Unscheinbarkeit mit einem gefälligen und einladenden Äussern zur Sicherung des Hauses besonders des wandelbaren Eckgebäudes wiederhergestellt worden". Bei dieser Baumaßnahme wurde das neue Stadtwappen vermutlich auf einem neuen Träger in der alten Mauernische befestigt. Darauf weisen die vorhandenen Holzdübel, die sich im Bereich der älteren Malerei befinden. In der Heraldikgeschichte muß dieser Befund als die älteste erhaltene baugebundene farbige Darstellung des Leipziger Stadtwappens gewertet werden. Gustav Wustmann hatte 1897 in einem Aufsatz zum Leipziger Stadtwappen bereits darauf hingewiesen, daß nur we-

Altes Auditorium, 1991

Renaissanceraum im ersten Obergeschoß, 1991

Renaissanceraum im zweiten Obergeschoß, 1991

Barocke Treppe im Eckhaus, 1991

nige ältere farbige Wappenvorlagen vorhanden sind. Die ihm damals bekannten Vorbilder stammten vor allem aus dem Bereich des Kunsthandwerks. So befindet sich ein Wappen auf der Ratstischdecke des Seger Bombeck aus dem Jahre 1551 und ein anderes auf einem Emaillekästchen von 1557, beides im Museum für Kunsthandwerk, Grassimuseum, in Leipzig. Die älteste Farbdarstellung wurde erst 1952 von Herbert Küas auf einer spätgotischen Ofenkachel entdeckt. Er datierte diesen Fund, der ursprünglich vermutlich zur Bekrönung eines Kachelofens des gotischen Rathauses gehörte, um 1520. Eine baugebundene farbige Wappendarstellung vermutete Wustmann in der Paulinerkirche, wo sie zu dieser Zeit unter jüngeren Putzschichten verborgen gewesen sein soll.

Weitere Reste der einst sparsamen Verzierung auf der Nikolaischulfassade, das heißt die Inschrift unter dem Hauptgesims und das Schriftband über dem Portal, konnten bei den Untersuchungen nicht mehr nachgewiesen werden.

Der zunächst deprimierende Bauzustand im Inneren des Hauses ließ kaum vermuten, daß Sachzeugnisse städtischer Renaissancekultur erhalten geblieben sind. Begünstigender Umstand für das Überdauern ornamental bemalter oder monochrom gefaßter Holzdecken, bemalter Fachwerkwände, Inschriften und durch Steinmetzarbeit verzierter Natursteinkonsolen war trotz jahrhundertelanger intensiver Nutzung vor allem die geringe Bautätigkeit zur Instandsetzung und Modernisierung. So wurde in dem ältesten, dem 1512 entstandenen Gebäudeteil, das aus den Quellen als „Großes Auditorium" bekannte Klassenzimmer einschließlich seiner ästhetischen Gestaltung vom Ende des 16. Jahrhunderts nachgewiesen. Der fünfachsige, langgestreckte Raum war durch den jüngeren Einbau von Trennwänden, einer Holzstiege in die darüberliegende Etage sowie Mauerdurchbrüche zum Hof vollständig gestört worden.

In allen drei Geschossen des Gebäudes wurden in verschiedenen Räumen unter den Deckenverschalungen Balken freigelegt, deren Kehlung und farbige Fassungen darauf hindeuteten, daß sie ursprünglich als sichtbare Holzdecken zum Raum gehörten. In drei übereinanderliegenden Zimmern haben sich solche Beispiele beinahe komplett erhalten. Die Schalbretter stammten zum Teil selbst von älteren Deckentäfern des 17. und 18. Jahrhunderts (S. 45, unten). Beim Einbau des geräumigeren Treppenhauses 1747 waren auch die Fenster erweitert und die nun altmodisch gewordenen Holzdecken verkleidet worden. Zur vertikalen Erweiterung der Fensteröffnungsgrößen gehörten nun aber auch moderne Fensterkonstruktionen mit Tafelverglasung. Die Fensterläden wurden entfernt und zum Schutz der Klassenzimmer vor starker Sonneneinstrahlung im Erdgeschoß und in der zweiten Etage äußerlich Leinenmarkisen befestigt. Eines dieser Originalfenster blieb auf der Hoffassade erhalten (S. 64).

Die aus den Quellen bekannten Grundrißdispositionen und Raumbildungen wurden durch die Bauforschung bestätigt. Die zwischen 1512 und 1919 im wesentlichen insgesamt sechs größeren, verändernden Bauphasen hatten ausreichend Zeugnisse hinterlassen.

1990 wurden bei Ausschachtungen im Bereich des Nachbargrundstückes Nikolaistraße sechs bis zehn Fundstellen unter anderem mit mittelalterlichem Gebrauchsgeschirr entdeckt. Eine davon befand sich am Nordrand des einstigen Wirtschaftshofes der alten Nikolaischule. Friedemann Winkler nimmt an, daß es sich bei diesem Fundort um eine gestörte, ehemalige Kloake handelt. Vermutlich wurden darin 1511 beim Abriß der alten Küsterei und des benachbarten Privathauses angefallener Bauschutt und Hausrat verstaut (S. 45, oben). Bei dem gefundenen Gebrauchsgeschirr handelt es sich vorwiegend um helles, unglasiertes Steinzeug, das nach Aussage Winklers in oxydierender Brandtechnik hergestellt wurde. Die Gefäßböden sind teilweise von der Töpferscheibe abgehoben und auch abgeschnitten. Einige Gefäße weisen eine innere Glasur auf. Diese Zeugnisse mittelalterlichen Hausrates sind in die zweite Hälfte des 14. Jahrhunderts bis um 1500 und damit vor Baubeginn des Nikolaischulgebäudes einzuordnen.

Schulaula im zweiten Obergeschoß, 1991

Über sämtliche Ergebnisse der Bauforschung und die einzelnen Bauzustände liegen Dokumentationen in Wort und Bild vor. Auf dieser Grundlage wurde ein denkmalpflegerisches Konzept für die Konservierung und Restaurierung der historischen Substanz im Zusammenhang mit der geplanten Neunutzung der einzelnen Räume erarbeitet.

Denkmalpflegerische Zielsetzung und Sanierung der Fassade

Da die Nikolaischule zu den wenigen erhaltenen charakteristischen Zweckbauten des ausgehenden 16. Jahrhunderts in Leipzig gehört, gingen die Überlegungen zunächst dahin, den seit 1597 belegten und teilweise auch erhaltenen Zustand wiederherzustellen. Zunehmend ergaben aber die Befunduntersuchungen, daß die historische Authentizität des Gebäudes in seiner Gesamtheit so eher verfälscht worden wäre. Die Öffnungsgrößen der Fenster wurden bereits im 18. Jahrhundert verändert. Der bis 1889 durch Schaufenster geöffnete Erdgeschoßbereich des Eckhauses war bei Einzug der Ortskrankenkasse der übrigen Fassade angepaßt worden. Auch infolge der Vermietung der östlichen Erdgeschoßräume an die Königliche Garnisonshaupt-

Richtfest am 20. April 1993

wache erfolgten 1906 bauliche Veränderungen, die mit dem Einbau der Arkaden und der Neufassung des Hauptportals zu einer Umgestaltung des alten Fassadenbildes geführt hatten. 1919 schließlich wurde die Westfront zur Nikolaistraße hin durch das noch heute vorhandene Portal geöffnet. Die Fassade zeigte bei Baubeginn 1990 den Zustand von 1889 bis 1919. Eine Rückführung der Frontansichten auf die des Jahres 1597 hätte zum einen bedeutet, das Gebäude aus dem städtebaulichen Kontext herauszulösen, zum anderen wäre ein bedeutender Abschnitt der Bau- und Nutzungsgeschichte nach dem Auszug des alten Gymnasiums beseitigt worden. Als denkmalpflegerische Zielsetzung ergab sich deshalb die Wahrung und Wiederherstellung der bis 1919 entstandenen Fassade.

Das gemalte Stadtwappen aber bleibt Zeugnis des Renaissance- und Barockzustandes der Nicolaitana, wenn auch das Portal nicht mehr im Originalzustand erhalten ist. Für die Restaurierung des Wappens wurde festgelegt, daß die sehr empfindliche Originalfassung konserviert und durch eine vorgesetzte Kopie vor dem weiteren Verfall geschützt wird.

Vor Beginn der eigentlichen Bauarbeiten erfolgte eine bauphysikalische Untersuchung. Sie umfaßte eine Schadensbeschreibung mit Analyse der Ursachen, auf deren Grundlage ein Sanierungsvorschlag für Mauerwerk und Putz erstellt wurde. Die auffälligen Feuchteschäden am Eckhaus waren das Ergebnis extrem vernachlässigter Baupflege. Defekte Dachrinnen und die gestörte Straßenkanalisation ließen über Jahre das Mauerwerk durchfeuchten und beschleunigten den Zerstörungskreislauf. Auch im Inneren des Gebäudes hatte die hohe Feuchtebelastung zu bedeutenden Putzschäden geführt. Das Sanierungsprogramm enthielt Maßnahmen, die das weitere Einsickern von Niederschlagswasser in die Untergeschoßfundamente verhindern sollten. Der gesamte Fassaden- und Sockelputz mußte entfernt werden, um das Mauerwerk ausreichend säubern zu können. Für den Sockelbereich bis unter den Fenstersturz des Erdgeschosses galt ein entsprechender Sanierputz, der als mineralischer Leichtputz bis unter das Dachgesims aufgetragen wurde. Als Oberputz folgte darauf eine Kalkglätte, deren Körnung entsprechend den Untersuchungen des Mörtels um 1900 festgelegt wurde. Die Koloristik des Anstriches ergab sich aus den Befunduntersuchungen. Die Rückfassade erhielt nur einen Pinselputz, das heißt eine Kalkschlämme. So blieb das Mauerwerk, dem hier zum Teil die alten Wirtschaftstrakte fehlen, transparent.

Die Fenster- und Türgewände aus rotem Rochlitzer Porphyrtuff sollten behutsam restauriert werden. Grundlage dafür war eine Analyse mit Auflistung und Dokumentation der Schäden. Die Untersuchung bestätigte gleichzeitig, daß nur noch ein Teil der Gewände aus dem 16. Jahrhundert stammen, was bereits aus den Quellen zu entnehmen war. Ausgehend vom durchschnittlichen Verwitterungsgrad der Natursteinelemente wurde teilweise ein Alter von 150 bis 200 Jahren angenommen.

Der Zustand des Porphyrsteins erwies sich als relativ gut. Nahezu alle Fensterstürze waren jedoch gerissen und bereits durch Eisenklammern gesichert worden. Nach Entfernung der Blechabdeckungen zeigten die Sohlbänke zum Teil große Schäden. Im Ergebnis mußten hier Originalteile ersetzt und größere Beschädigungen durch Vierungen mit Natursteinmaterial beseitigt werden. Eine Grundvoraussetzung dafür bestand darin, daß der neue Stein aus dem gleichen geographischen Abbruch-

Traufgesims nach der Restaurierung, 1994

ort, das heißt aus den Rochlitzer Bergen in Westsachsen, stammte. Zudem mußte die Oberflächenbearbeitung der Neuteile und Vierungen der vorhandenen angepaßt werden. Auf Grund der Kostenentwicklung für das gesamte Sanierungsvorhaben war es jedoch unerläßlich, in weitaus größerem Umfang Schadensbilder auch durch das Antragen eines Ersatzmaterials, eines eingefärbten Restauriermörtels, zu beseitigen. Ein lasierender Anstrich der Gewände, wie er für Renaissance und Barock zu erwarten gewesen wäre, konnte nicht nachgewiesen werden.

Die Gewände im Hofbereich waren unter Putzenschichten und Farbanstrichen verborgen. Das Reinigen ihrer Oberflächen konnte nur durch neues Scharrieren, das heißt die steinmetzmäßige Bearbeitung durch Hieb mit einem einschnittigen Meißel (Scharriereisen), erfolgen.

Das Hauptgesims aus gemauerten Ziegelformsteinen befand sich zum Teil in einem sehr verwitterten Zustand. Die Steine wurden bis zum gesunden Material gereinigt und Fehlstellen mit Restauriermörtel ergänzt. Im Innenhofbereich ersetzte man die vollständig zerstörten Gesimssteine durch neue Formziegel.

Das alte Satteldach hatte sich in seiner Kubatur erhalten. Zu ergänzen war nur die schon seit 1597 vorhandene obere Gaubenreihe. Das mit Sprossen verzierte Dachfenster zur Nikolaistraße konnte restauriert werden. Diese Gaube enstand vermutlich 1827 bei der Abwalmung des Daches. Während der Restaurierung der Fensterflügel stellte sich heraus, daß man sie ursprünglich mit zwei Scheiben, ähnlich den modernen Verbundfenstern, verglast hatte. Die Sprossen waren allerdings zwischen den Glastafeln befestigt.

Von der älteren Dachhaut fand man im Spitzboden einige rote Biberschwanz-Handstrichziegel, vermutlich aus der Zeit um 1800. Das naturrote Tonmaterial ist grob. Bei der Dachneueindeckung wurde eine Annäherung an den Bestandsziegel in Format und Schnitt gefordert, da dieser Zustand bis 1900 vorhanden war. Die Verwendung von Handstrichziegeln hätte aber die Kosten für das neue Dach gesprengt, so daß ein adäquater Strangdachziegel gefunden werden mußte. Der Bauherr entschied sich im Konsens mit Architekten und Denkmalpflegern für einen Biberschwanz, dessen Brand im Ringofen eine natürliche Farbstreuung versprach.

Denkmalpflegerische Konzeption und die Planung im Inneren

Die denkmalpflegerische Konzeption für das Innere des Gebäudes hatte zum Ziel, die teilweise kunstgeschichtlich wertvolle und interessante Ausstattung aus 400 Jahren Schulgeschichte zu bewahren. Diese Prämisse erforderte eine denkmalgerechte Planung von nutzungsbedingten Veränderungen. Denkmalpflegerische Raritäten aus dem 16. Jahrhundert wie das alte Auditorium mit seinen Inschriften und Natursteinkonsolen, die Holzdecken und die bemalten Fachwerkwände oder jüngere histori-

Originaler Biberschwanz-Dachziegel mit Handstrichoberfläche

sche Bauzustände sollten verträglich in das Sanierungskonzept einbezogen werden. Eingriffe in die vorhandenen Grundrißsituationen durften sich in der Planung nur auf die Herausnahme von Wänden beschränken, die nach 1872 eingezogen und entsprechend der folgenden wechselnden Nutzung laufend verändert worden waren. Der aus den Inventaren des 18. und 19. Jahrhunderts ablesbare einfache Grundriß des Schulgebäudes sollte damit wiedergewonnen werden. Diese Zielsetzung wurde leider nicht generell durchgehalten (vgl. S. 35 und unten).

Die Sanierung des Bauwerkes erforderte im Zusammenhang mit der Neunutzung Veränderungen und Ergänzungen, mit denen zum Teil bedeutende technische Eingriffe in die alte Substanz verbunden waren. Der Architekt mußte sich hier der Auseinandersetzung zwischen unverfälschter Bewahrung des Denkmals und zeitgemäßen Veränderungen stellen. Konsens zwischen gestalterischen Intentionen und Denkmalschutz konnte bei dieser Aufgabe nicht in jedem Falle erreicht werden. So suchte man eine moderne Lösung für die Ergänzung des barocken Treppenhauses. Die bereits einsturzgefährdete Steintreppe war in den achtziger Jahren im Zusammenhang mit den beiden Hofflügeln abgebrochen worden. Seitdem ließen sich die Obergeschosse nur noch über Holzstiegen erschließen. Der Anspruch, das alte Bauwerk mittels denkmalpflegerischer Rekonstruktion der Gebäudeteile zu komplettieren, wurde

Grundrisse der ausgeführten Planung im Erdgeschoß und zweiten Obergeschoß

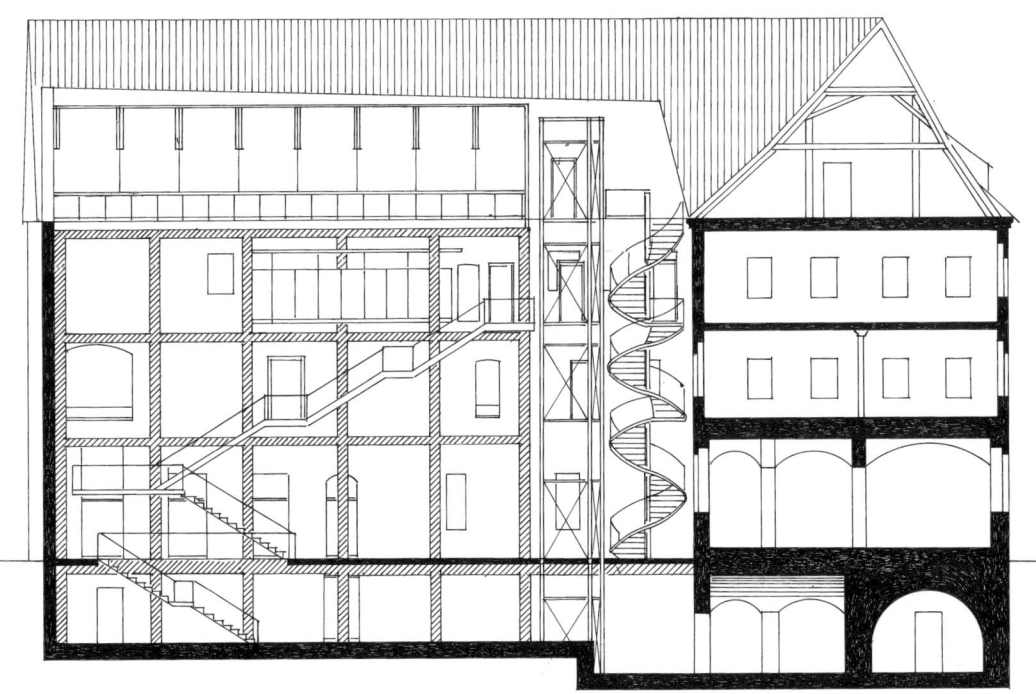

Schnitt der ausgeführten Planung mit dem neuen Treppenraum

nicht erhoben. Auf diesem Areal sollte im Kontrast zum historischen Gebäudebestand eine Haushalle mit klaren, funktionsbedingten Formen entstehen. Diese Aufgabe wurde durch einen über die drei Geschosse des Vorderhauses reichenden Raum mit massiven Sichtbetonmauern und auf die Stirnseiten gestellten Stahltreppen gelöst (S. 73, 74 und 75). Das Tageslicht flutet von oben durch ein Glasdach in diese Halle. Die interessante, gestaltungsintensive Lösung der Treppenhausergänzung ließ allerdings die Räumlichkeiten vermissen, die durch Abbruch der alten Hofflügel verlorengegangen waren und eine Reihe von nutzungsbedingten technischen Einrichtungen hätten übernehmen können. Der angestrebte Kontrast zum alten Bauwerk wurde bis in das Kellergeschoß geführt. Hier beginnt die Betonmauer mit monumental dimensionierten Stützpfeilern. Die einst bescheidenen Kellergewölbe werden damit durch eine mit der Originalsubstanz weniger verträglichen Großzügigkeit eingeleitet.

Die funktionellen Architekturzutaten sollten auch eine Verbindung zum Inneren des historischen Bauwerkes erhalten, um damit den Bezug zur Gegenwart herzustellen. In diesem Zusammenhang wurde der Arkadenraum mit einer Verglasung zum Nikolaikirchhof geöffnet. Mußte hier in die 1906 entstandene Situation dabei allerdings erheblich eingegriffen werden, blieben alle übrigen Erdgeschoßräume in ihrer historischen Raumausbildung und mit ihrer Originalausstattung vor allem aus dem 16. und 18. Jahrhundert weitestgehend erhalten.

Einen großen Verlust an denkmalpflegerischer Rarität stellt allerdings die Beseitigung der Bestandstrennwände zum Korridor in den beiden Obergeschossen dar. Die

Architekturmodell mit geplantem Treppenhallenanbau.
Architektenpartnerschaft Storch-Ehlers, Hannover, und Rüdiger Sudau, Leipzig, 1992

restauratorischen Untersuchungen hatten ergeben, daß sie vermutlich seit 1597 bis ins 18. Jahrhundert als sichtbare, gemalte Fachwerkwände gestaltet waren (S. 106, oben). Die dunkelgraue bis schwarze Fassung der Nadelholzbalken wurde auf den geputzten und mit weißer Kalkfarbe gefaßten Ziegelmauerwerk-Gefachen durch Begleitbänder verbunden. Diese Malerei der Zimmerwände befand sich auch auf ihren Rückseiten in den ehemaligen Klassenzimmern des zweiten Obergeschosses sowie in den Räumen des Rektors in der ersten Etage. Vergleichbare Befunde in dieser Vielfältigkeit und Geschlossenheit sind bisher nur aus dem zwischen 1983 und 1992 restaurierten baden-württembergischen Schlössle Oberlenningen bekannt. Bedauerlicherweise gelang es in der Nikolaischule nicht, diese außerordentlich selten erhaltenen Fassungen bei Neunutzung der Räume zu wahren, da der Bestand an dieser Stelle den gestalterischen Intentionen widersprach. Als Kompromißlösung zwischen Denkmalpflege und Architekten war vorgesehen, die Fachwerkwände wenigstens in den Räumen mit den bewahrten Holzbalkendecken zu erhalten. Die neuen, mit großen Öffnungen geplanten Trennwände sollten so hineingestellt werden, daß die alte

Raumsituation erlebbar blieb. Das Routinedenken heutiger Bauabläufe wurde aber bei den bauausführenden Firmen nicht abgelegt, die denkmalpflegerischen Forderungen nicht immer ausreichend ernst genommen. Dies führte dazu, daß der Originalputz auf den zu bewahrenden Gefachen größtenteils doch noch entfernt wurde.

Die mit der Neunutzung verbundene Planung von Lüftungstechnik und Schallschutz sah für den Dachstuhl zunächst die Aufnahme entsprechender Lasten vor. Vor allem die alte Dachkonstruktion über dem Kerngebäude aus dem 16. Jahrhundert schien diese nicht mehr tragen zu können. Im Ergebnis statischer Berechnungen und des holztechnischen Gutachtens sollte der Mittelteil des historischen Dachstuhles durch einen Neubau ersetzt werden. Bauherr, Statiker und Denkmalpflege überprüften nochmals, welche Einschränkungen für die Lastenaufnahme möglich waren.

Die neue Haushalle

Schließlich konnte bei einer beschränkten Belastung durch entsprechende Sanierungs- und Stabilisierungsarbeiten doch der Renaissancedachstuhl mit seinen Verformungen und jüngeren Veränderungen erhalten bleiben.

Sanierungsmaßnahmen im Inneren

Zu Beginn der Baumaßnahmen führte der Bauphysiker auch im Inneren Untersuchungen an Putz und Mauerwerk durch. Der Sanierungsvorschlag beinhaltete einen denkmalverträglichen Neuputz für alle Geschosse, ausgenommen die Bereiche, in denen es um die Restaurierung historischer Fassungen ging. Für die Wiederherstellung bzw. für Ergänzungen des zu erhaltenden Bestandes wurden zunächst mittels labortechnischer Analysen die Zusammensetzung und die Bestandteile der Originalputze ermittelt.

Die holztechnische Untersuchung der Deckenbalken ergab, daß das Holz in großen Teilen von Nagekäfern befallen war. Der jahrelange Feuchteeintritt hatte auch zu Fäulnis und Hausschwamm geführt. Parallel zu den Hauptbalken waren die dazwischen liegenden Felder vollständig mit geringer dimensionierten Balken gefüllt. Zahlreiche Hölzer mußten erneuert oder gesundes Material angeschuht werden. Teilweise wurden auch Stahlträger zur Verstärkung der Tragfähigkeit eingezogen.

Besonders kompliziert erwies sich zunächst die Fundamentsicherung. Es war notwendig, den Baugrund durch eine Hochdruckinjektion zu stabilisieren. Dabei wurde die Gründung mit Beton unterfahren. Bei ihren Untersuchungen stießen die Tragwerksplaner im Keller auf Felsen, was die Stabilisierung wesentlich erschwerte, den Bauablauf verzögerte und erhebliche Kostenerhöhung zur Folge hatte.

Das alte Gebäude reagierte trotz aller Vorsicht empfindlich auf die erforderlichen Baumaßnahmen. Das mittlere, älteste Kellergewölbe stürzte zusammen. Beim Wiederaufbau wurde die Kubatur der Tonne aufgenommen, aber zur Sicherung der Stabilität in Beton ausgeführt.

Restaurierung der historischen Raumfassungen

Dort, wo die Befunduntersuchungen ausreichend Ergebnisse zur historischen Raumgestaltung erbracht hatten, konnte deren Fassung behutsam restauriert werden. Grundlegend für die Erarbeitung eines Konzeptes war zunächst die Erfassung des Bestandes durch Stratigraphien (Abtreppung von Mörtel- und Farbschichten).

Im Erdgeschoß ermöglichten die Ergebnisse im ehemaligen Vorhaus, dem heutigen Foyer, und im anschließenden sogenannten Großen Auditorium die Renaissanceausstattung weitestgehend zu restaurieren.

In der Eingangshalle (Altes Vorhaus) hatte man zunächst nur punktuell eine sparsam gemalte Fassung auf dem Unterzugbalken entdeckt. Bei den ersten Bauberäumungsarbeiten wurde die doppelte Deckenverschalung entfernt. Die unteren Schalbretter zeigten eine einfache, gemalte Maserung und mit roten Linien eingefaßte Felder. Diese Deckengestaltung war vermutlich im Zusammenhang mit dem Treppenhauseinbau 1747 erfolgt. Darunter verbarg sich beinahe ungestört eine verzierte Holzbalkendecke des ausgehenden 16. Jahrhunderts (S. 107, unten). In rhythmischem Wechsel sind auf den rückliegenden Füllungsbrettern mittels Malerei kostbarer Marmor und Holzschnittapeten der Dürerzeit imitiert. Für die Leipziger Kultur-, Kunst- und Baugeschichte kann dieser Befund als bisher einmalig gewertet werden. Die gemalten schwarzen Ranken im Maureskenstil sollten wie die Holzschnittapeten kostbare Intarsien in Ebenholz ersetzen. Als sogenannte Fladertapeten waren diese Verzierungen in Sachsen im 16. Jahrhundert auf Holzdecken, an Chorgestühlen und Kirchenkanzeln weit verbreitet. Dort blieben sie in einigen Beispielen erhalten, während solche gemalten Imitationen kaum noch bekannt sind. Die Restaurierung erfolgte im wesentlichen nur durch Konservierung und Reinigung. Auf Retuschen wurde weitestgehend verzichtet. Auffällig war die Stärke der Kiefernholzbretter von 40 bis 50 Millimetern. Sie dienten in der darüberliegenden Etage ursprünglich gleichzeitig als Fußbodendielung. Bei jüngeren Veränderungen waren neue Fußbodenkonstruktionen darübergelegt worden.

Die Decke hatte sich nur bis zum Anschluß des barocken Treppeneinbaus erhalten. So wurde auch der Renaissanceputz nur auf den Wandflächen in diesem Bereich ergänzt (S. 64 und 107 oben).

Das in den Quellen als Großes Auditorium ausgewiesene älteste erhaltene Klassenzimmer im Erdgeschoß konnte in seiner Raumfassung vom Ende des 16. Jahrhunderts restauriert werden (S. 48 und 65). Trotz späterer gravierender Veränderungen von Grundrißdisposition und Raumbildung blieb die ursprüngliche Architektur und ihre bescheidene Verzierung gut erhalten. Die Renaissancegestaltung beschränkte sich im wesentlichen auf die durch flache Mauernischen gegliederten Wandflächen. Ein Gestaltungsrhythmus wurde durch den Wechsel von Wandpfeilern und Konsolen erreicht, auf denen die flachen Korbbögen der Nischen aufliegen. Zunächst waren im darüberliegenden Friesbereich der West- und Nordwand relativ vollständig Inschriften gefunden worden. Sie beinhalteten jeweils eine Zeile aus dem alten Testament, auf die weiß gekalkte Wand mit annähernd 30 Zentimeter hohen, schwarz gefaßten Großbuchstaben geschrieben.

Auf der Westwand steht zu lesen:

INITIUM SAPIENTIAE TIMOR DOMINI: Ecc. Cap. I

Aus Sprüche des Salomo. 1. Kapitel. Vers 7: Des Herrn Furcht ist Anfang der Erkenntnis.

Auf der Nordwand:

COR MUNDUM CREA IN ME DEUS ET SPIRITUM RECTUM INNOVA
IN VISCERIBUS
MEIS. Psalm 51/12

Aus Bußgebet Davids: Schaffe in mir Gott ein reines Herz und gib mir einen gewissen Geist.

In den Rücklagen der Wandnischen wurden weitere Inschriften mit kleineren Kapitalbuchstaben freigelegt, die aber weniger vollständig erhalten waren. Übersetzt werden konnten deshalb nur die Zeilen auf der Westwand:

ISOKRATES
SOLA DOMINIUM ELECTORUM
SAPIENTIA IMMORTALIS

Isokrates: Nur unsterbliche Klugheit ist Besitz der Auserwählten.

JACOBI APOSTOLI
SIQUIS AUTEM VESTRUM INDIGET
SAPIENTIA POSTULET AB EO
QUI DAT NEMPE DEO

Aus dem ersten Brief des Apostel Jacob, der fünfte Satz: Wenn es einem von euch an Klugheit fehlt, fordert sie von dem, der sie gibt, von Gott.

Die nur noch spärlichen Wortreste in den Mauernischen auf der Nordwand ermöglichten bisher keine Übersetzung.

Die Inschriften dokumentieren, in welch strenger, religiöser Atmosphäre die Knaben um 1600 in der Nicolaitana unterrichtet wurden. Erkenntnis und Weisheit schienen nur erreichbar in Verbindung mit tiefer Gottesfürchtigkeit.

Das Restaurierungskonzept für den Raum beinhaltete nur eine sparsame Retusche der Inschriften. Das bedeutete auch, daß die Restauratoren auf Wortergänzungen verzichteten, um die Originalität des Befundes zu wahren. Teilweise erneuert werden mußte aber der Renaissanceputz, wobei die erhaltenen Flächen in die Wiederherstellung einzubeziehen waren.

Entsprechend der Innenraumkunst der Renaissance war der Naturstein der verzierten Porphyrkonsolen nicht materialsichtig, sondern die Oberfläche schwarz-grau lasierend gefaßt (S. 79). Entsprechend diesen Befunden wurde der Stein restauriert. Dazu gehörte zunächst die behutsame Reinigung seiner durch Putz- und Farbschichten kaum noch erkennbaren Oberflächen

Die zur Raumausstattung um 1600 gehörige Holzdecke konnte nur in ihrer ursprünglichen Lage nachgewiesen werden. Vermutlich bereits im 19. Jahrhundert waren die alten Holzbalken entfernt und der Deckenaufbau verändert worden. In jüngster Vergangenheit sind dann zur statischen Sicherung Stahlträger eingezogen worden. Um die alte Raumsituation wiederherzustellen, wurden Bestandsbalken aus dem Raum hinter den Arkaden geborgen und transloziert. Sie waren beim Öffnen der Schalung entdeckt worden. Spuren einer mit Leimfarben gefaßten farbigen Oberfläche und die Abphasung der Kanten deuteten darauf hin, daß die Balken einst zu einer sichtbaren Holzdecke gehört haben müssen. Da im Arkadenraum die Decke wieder verschalt werden sollte, wurden die Originalbalken mit nachgewiesener Koloristik herausgenommen. Ihre Längenmessung entsprach den Maßen des Auditoriums, was ihren Einbau an diesem Standort ermöglichte. Um den ästhetischen Ge-

Natursteinkonsole im alten Auditorium während der Freilegung 1991

samteindruck wiederzugewinnen, erfolgte eine Ergänzung der fehlenden Hölzer. Die dafür eingesetzten Schichtholzbalken sollten jedoch nicht einer Komplettierung der Decke nach der Methode denkmalpflegerischer Rekonstruktion dienen, sondern durch das verwendete Material jederzeit als neue Zutat kenntlich bleiben.

In den einstigen Kauf- und Meßgewölben des Eckhauses machten sich verbindende Wandöffnungen erforderlich, die durch die Neunutzung der Räume als Café begründet sind. Die Räume waren in ihrer Grundrißsituation bereits durch die funktionsbedingten Umbauten zu Beginn unseres Jahrhunderts verändert worden. Die Kreuzgewölbe selbst und die Putzgliederung auf ihren Kappen blieben davon unberührt. Nach mühevoller Entfernung vieler Farbschichten, Schließung der Risse und Festigung des Originalputzes sind Gewölbe erhalten, die zu den typischen Beispielen der Erdgeschoßgestaltung in den Leipziger Bürgerhäusern des Barock gehören.

Im ersten Obergeschoß konnten die restauratorischen Arbeiten im wesentlichen nur auf einen Raum beschränkt bleiben. Direkt über der Eingangshalle mit ihrer gemalten Holzdecke befindet sich ein kleiner Raum, der ursprünglich zur Wohnung des Rektors gehörte. Alte Trennwände waren in der Vergangenheit längst entfernt worden. Zunächst gab es in diesem Bereich, der zu einem großen Zimmer zu gehö-

Lehmstakendecke im zweiten Obergeschoß während der Restaurierung

ren schien, keine Hinweise auf originale Ausstattungsreste (S. 65). Beim Prüfen des Plafonds aber kam eine Holzbalkendecke vom Ende des 16. Jahrhunderts zum Vorschein, die konstruktiv mit der im darunterliegenden Geschoß identisch ist, deren Oberflächenfassung sich dagegen wesentlich bescheidener ausnahm (S. 106, oben). Auf vier gliedernde Balken waren gefalzte Dielenbretter direkt aufgenagelt. Ihre mit grauen Begleitbändern schlicht gestaltete Oberfläche setzte sich auf den Wandflächen fort. Einbezogen in dieses Bandelierungssystem war schließlich auch die nördliche Fachwerkwand, von deren Bemalung aus oben genannten Gründen leider nur noch Reste gezeigt werden können. Diese Gestaltung wurde ähnlich vermutlich in der zweiten Hälfte des 17. Jahrhunderts erneuert. Während der vorsichtigen Restaurierung der Decke zeigten sich sehr schnell neue Schäden, wie Rißbildung und punktuelles Abschuppen der Farbfassung, die durch das Einschalten eines gleichmäßigen Heizsystemes hervorgerufen wurden. Das Gewöhnen der Originalsubstanz an völlig neue klimatische Raumbedingungen stellte die Restauratoren vor unvorhergesehene Probleme. Wünschenswert wäre es gewesen, schon vorab Untersuchungen über die Reaktion der festen Holzausstattung nach deren Freilegung durchzuführen. Der Zeittakt des Bauablaufs verlief jedoch nicht immer im Kontext mit der denkmalpflegerischen Methode.

Eine dritte Holzdecke vom Ende des 16. Jahrhunderts wurde schließlich im darüberliegenden Raum des zweiten Obergeschosses gefunden. Zu Beginn der Untersuchungen war hier ein geschlossenes Zimmer erhalten, in dem zunächst eine schlicht bemalte Holzkassettendecke unter einer jüngeren Schalung freigelegt werden konnte (S. 65). Auf der Rückseite eines Brettes hatte der Tischler die Erbauungszeit 1886 vermerkt. Die dazu passende Wandfassung mit einer Papiertapete, deren Flächenmuster eine kostbare Textilbespannung imitieren sollte, war hinter einem Brüstungspaneel unter den Fenstern außerordentlich gut bewahrt (S. 44). Bei den restauratorischen Untersuchungen schließlich stellte sich heraus, daß unter der Holzdecke eine ältere, gemalte Lehmstakendecke verborgen war. An dieser Stelle mußte entschieden werden, ob die Kassettendecke herausgenommen werden konnte, um den Raumzustand vom ausgehenden 16. Jahrhundert wiederzugewinnen. Hinzu kam, daß auch hier eine gemalte Fachwerkwand erhalten war, die zum Renaissancezustand des gesamten Raumes zu gehören schien. Die Kassettendecke wurde schließlich ausgebaut und damit die ältere Plafondgestaltung geöffnet (S. 80). Wie in den darunterliegenden Räumen kamen auch hier vier Balken zum Vorschein, zwischen denen sich quer und in kurzen Abständen Staken befanden, die mit einem Lehm- und Strohgemisch umflochten waren. Die sichtbare Seite dieser Lehmpacken war geglättet und mit Rauten-

Fensterrekonstruktion

muster überzogen. Die dann aufgebrachte dünne Putzschicht befand sich in einer Ebene mit den Balken. Obgleich diese frei blieben, wurden sie in die gemalte Fassung mit einbezogen. Nach der Festigung und Reinigung erfolgten hier kaum Retuschen oder Ergänzungen. Nur starke Verrußungen wurden in geringem Maße reduziert. Die Sicherung der Decke von oben, das heißt im Fußbodenbereich des Mansardgeschosses erforderte hier besondere Vorsicht. Deshalb wurde dort ein Podest mit einer Stahlkonstruktion eingebracht, das keinen Kontakt mit der Decke besitzt, sondern auf Konsolen im Wandbereich aufliegt. Darauf kann der neue Fußboden im Mansardenzimmer unbedenklich belastet werden.

Von der 1827 im zweiten Stockwerk eingerichteten Schulaula schien zunächst nur das Portal mit einer sparsamen Stuckverzierung und der Originaltür erhalten zu sein. Bei Nutzung in jüngerer Vergangenheit war der Raum in vier kleinere unterteilt worden. Nach dem Entfernen der eingezogenen Trennwände trat die großzügige Raumsituation wieder hervor (S. 67). Denn schließlich nimmt der alte Schulsaal die gesamte Geschoßfläche des einstigen separaten Eckhauses ein. Die restauratorischen Untersuchungen ermittelten eine spätklassizistische, illusionistisch gemalte Architekturgliederung bescheidener Prägung. Die erhaltenen Flächen zeigten ein zeitgemäßes Wandgliederungssystem mit Pilastern in rhythmischer Folge und typischer Koloristik. Auch diese Ausmalung zeugte von der Bescheidenheit der Einrichtung des alten Schulgebäudes, was nicht zuletzt finanzielle Ursache hatte. Obgleich nicht die gesamte Wandfassung erhalten war, wurde für diesen Raum die Methode der denkmalpflegerischen Rekonstruktion seiner architektonischen und aus Inventaren bekannten mobilen Ausstattung gewählt (S. 41). Diese Zielsetzung resultierte vor allem daraus, daß in Leipzig spätklassizistische, öffentliche Profanräume solcher Art nicht erhalten sind. Hinzu kommt, daß Richard Wagner während seiner zweijährigen Nikolaitanerzeit zwischen 1828 und 1830 hier unter anderem Musikunterricht erhielt. Da sein Geburtshaus nicht mehr vorhanden ist, soll die Nikolaischule gleichzeitig an die Zeit des jungen Wagners in seiner Vaterstadt Leipzig erinnern.

In allen Etagen wurde die Fenstersituation wiederhergestellt, die durch den Bestand für die zweite Hälfte des 18. Jahrhunderts belegt war (S. 64). Die Holzrahmenfenster einschließlich ihrer Eisenbeschläge fertigte man neu mit dem Ziel, sie in allen Details dem Original nachzubilden (S. 81). Denn in dieser Form bestimmten sie bis 1900 auch das Fassadenbild der Alten Nikolaischule.

HEUTIGE NUTZUNG

Das gesamte Gebäude wurde zu neuem Leben erweckt und für die Öffentlichkeit mit interessanten Kulturangeboten zugänglich gemacht. Im Kellergeschoß präsentiert sich die museale Exposition einer wissenschaftlichen Gerätesammlung zur Geschichte der Automatisierung. Ein Museum ganz anderen Inhalts mit der Antikensammlung der Universität Leipzig erwartet den Besucher im ersten Stockwerk. Ein Kultur- und Lesecafé beherbergen die baugeschichtlich besonders interessanten Erdgeschoßräume. Die alte Schulaula wird als Veranstaltungsraum geöffnet. Im Foyer können die archäologischen Kleinfunde und baugeschichtliche Fundstücke in einem kleinen Hausmuseum besichtigt werden. Und auch die Mansardgeschoßräume, in denen die beim Schulrektor in Logis und Kost gegebenen Knaben einst unter sehr bescheidenen Bedingungen lebten oder in dem erst zu Beginn des 19. Jahrhunderts eingerichteten Karzer ihre Strafen verbüßen mußten, wurden in die Neunutzung einbezogen. Hier sind vor allem die Büros der Kulturstiftung und die Redaktion der Leipziger Blätter sowie Arbeitsräume der anderen genannten Nutzer des Hauses untergebracht. Die funktionsbedingte Neueinrichtung der Geschosse blieb dem über die Jahrhunderte im Inneren und am Äußeren nachgewiesenen einfachen Charakter des Bauwerkes im wesentlichen verpflichtet.

Das Baudenkmal wurde im Ergebnis der Sanierung zu einem neuen kulturgeschichtlichen Ausflugsziel und Mittelpunkt in der Leipziger Innenstadt.

Das Antikenmuseum der Universität Leipzig

Das immer wieder beschworene unselige Datum des 30. Mai 1968, der Tag, an dem die Machthaber des SED-Regimes Universität und Paulinerkirche dem ideologischen Anspruch eines sozialistischen Kulturverständnisses opferten, bedeutete auch für das Antikenmuseum des damaligen Archäologischen Institutes ein jähes Ende.

Was Auslagerung der Kunstwerke im Krieg, Beschädigungen beim Bombenangriff auf Leipzig 1944 und Verluste in den Nachkriegswirren nicht vermocht hatten, war mit einem Schlag eingetreten. Die Originalwerke griechischer und römischer Kunst, wie auch die Abgüsse bedeutender Werke antiker Plastik, bis zu diesem Zeitpunkt trotz aller Unzulänglichkeit der Aufstellung und Einschränkung der Verfügbarkeit präsent, verschwanden von Heute auf Morgen aus dem Kulturleben der Universität und im weiteren der Stadt. In Magazine verbannt, war es nur noch selten bei besonderen Gelegenheiten möglich, Einzelstücke oder eine Auswahl in der Öffentlichkeit zu zeigen.

Die Zerstörung der Universität schien auch das Ende eines Museums von Weltruf zu sein, der traurige Abschluß einer über 250jährigen Entwicklung vom privaten Demonstrationsmaterial über ein Kuriosenkabinett bis hin zur gewaltigen Lehr- und Schausammlung, die in ihrer Glanzzeit die Bestände auf 1400 Quadratmetern öffentlich präsentierte.

Alle Versuche nach 1968 das Antikenmuseum wieder zu beleben, scheiterten. Immerhin gelang es, den angedrohten Verschluß der Sammlung in auch für die Leipziger Archäologen und Studenten unzugänglichen Depots zu verhindern, der letzten Endes schon auf den geplanten Verkauf von Teilen der Sammlung hinauslief, wie er später vom damaligen Prorektor gefordert wurde: konsequente Weiterführung einer pervertierten Kulturpolitik, der sich aber alle musealen Einrichtungen der Universität mit Erfolg widersetzt haben. Ein neues Domizil für das Antikenmuseum war dennoch nicht zu beschaffen. Selbst das Jubiläum des 250jährigen Bestehens Klassischer Archäologie in Leipzig von 1984 war kein Anlaß, den in allen Gremien vorgetragenen Wunsch zu erfüllen, ein dem Ägyptischen Museum analoges Projekt zu verwirklichen.

So blieb nur die Möglichkeit, in kleiner Münze mit den Beständen des Museums durch Veröffentlichungen oder Sonderausstellungen zu wuchern. Keine Gelegenheit wurde ausgelassen, Einzelwerke oder größere Komplexe vorzuführen. Schon vor dem Abbruch der Universität hatte das Nationalmuseum in Prag eine repräsentative Auswahl gezeigt und damit in der Weltöffentlichkeit darauf aufmerksam gemacht, daß das Antikenmuseum in Leipzig mit seinen Schätzen den Krieg überstanden hatte und als solches noch existierte.

Ausländische Besucher freilich, die dann in Leipzig an Ort und Stelle die Sammlung sehen wollten, hatten es schwer. Die Abteilung „Internationale Beziehungen" wachte darüber, daß niemand ohne ihre besondere Erlaubnis die Magazine betreten durfte. Wenn der Dienstweg nicht zum Erfolg führte, blieben oft nur illegale Manöver, mitunter mit bösen Folgen.

Aber auch nach 1968 ließen die Betreuer der Sammlung keinen Anlaß zur Präsentation der Leipziger Antiken ungenutzt. Das Prinzip des „Koffermuseums" mag heute nur noch Verwunderung und Kopfschütteln hervorrufen, brachte aber unter den damaligen Bedingungen den interessierten Besuchern vieler Veranstaltungen in Schulen, Altersheimen, Kulturhäusern, und was sich sonst noch an kulturellen Initiativen in diesem nach außen abgeschotteten sozialistischen Staat organisiert hatte, oft erste Eindrücke von der Kultur der Antike.

Dann gab es noch die offiziellen Jubiläen. Der 200. Todestag von Johann Joachim Winckelmann öffnete die Ausstellungsräume des Verbandes der Bildenden Künstler in Leipzig für eine sehr schöne Ausstellung, die zusammen mit dem Ägyptischen Museum durchgeführt wurde. Auch im Alten Rathaus der Stadt durften griechische Vasen das Lebenswerk des Begründers der Klassischen Archäologie illustrieren. 1973/74 waren Leihgaben aus Leipzig auf der von mehreren Universitätssammlungen bestückten Ausstellung antiker Kleinkunst in der Kunsthalle in Rostock zu sehen.

Im Jahr der Frau 1975 ergab sich die bescheidene Möglichkeit, anläßlich eines Vortrages auch eine Auswahl von antiken Tonfiguren, Toilettengegenständen und Vasenbildern zum Thema „Die Frau in der Antike" zu zeigen.

Zwei größere Ausstellungen – in Magdeburg im Kloster Unser Lieben Frauen zum Thema „Tausend Jahre griechische Vasenmalerei" und im Jubiläumsjahr 1984 in Leipzig „Antike Kunst im Mittelmeerraum" – waren Trostpflaster für nicht realisierbare Forderungen, wirkungsvolle Ausstellungen, feierlich eröffnet und mit lebhafter Resonanz beim Publikum, aber eben zeitlich eng begrenzt.

Und so blieb die Sammlung, im wesentlichen ohne jede konservatorische Betreuung, zum Teil nur notdürftig in einem ehemaligen Kohlenbunker magaziniert, von einigen wenigen kleinen Ausflügen in die Öffentlichkeit abgesehen, in der Dunkelheit der Depots verborgen. Unzulänglich restauriert, verschmutzt und gedrängt aufgestellt, bedurfte es schon des geschulten Blickes, um hinter dem schlechten Zustand die Schönheit und Bedeutung der Stücke zu erkennen.

Mit den politischen Veränderungen 1989/90 erwachte bei den Betreuern der Sammlung erneut Hoffnung, das Antikenmuseum nun endlich wieder im alten und neuen Glanz erstehen lassen zu können.

Die Reise eines Leipziger Stamnos nach Arezzo, Paris und Berlin mit der großen Euphronios-Ausstellung konnte man als gutes Omen ansehen. Bei dem akuten Raummangel im Bereich der Universität und in der Stadt erwiesen sich die Bemühungen um Museumsräume allerdings schwieriger als gedacht. Die Alte Nikolaischule, schon vor vielen Jahren ins Visier genommen, rückte immer mehr in den Vordergrund als Traumobjekt, als idealer Ausstellungsplatz für das Antikenmuseum.

Es war zweifellos eine der glücklichsten und nobelsten Entscheidungen der Leipziger Kulturstiftung als dem zuständigen Hausherrn, die Beletage des Hauses einer Universitätseinrichtung zu Verfügung zu stellen, um hier in fünf Räumen auf einer Fläche von 250 Quadratmetern ausschließlich Sammlungsstücke des Antikenmuseums ausstellen zu können. Nach fast einem halben Jahrhundert wieder ein ständiges Museum im Herzen der Stadt, ein unbeschreibliches Glücksgefühl für jemand, der fast die ganze Zeit dieses Interregnums miterlebt hat! Auch ein Anlaß zurückzublicken auf 260 Jahre Antikenmuseum in Leipzig, auf eine Entwicklung, kontinuierlich ansteigend bis zum Zweiten Weltkrieg vom bescheidenen Antikenkabinett zur monumentalen Schau- und Lehrsammlung, dann jäh unterbrochen, mühsam am Leben erhalten und schließlich im Jahr 1994 wie Phönix aus der Asche schöner denn je erstanden als kleine aber subtile Kabinettausstellung mit dem Schönsten und Besten, was seit der Mitte des 18. Jahrhunderts in Leipzig an Werken der antiken Kunst zusammengetragen worden ist.

Es kann nicht als selbstverständlich gelten, daß ein Institut für Klassische Archäologie unmittelbar mit einem Antikenmuseum verbunden wurde; aber auch heute noch ist eine gut ausgestattete Lehrsammlung von unschätzbarem Wert. Leipzig hat diese Tradition stets betont und sich allen Versuchen einer Trennung der Bereiche widersetzt. Schon Johann Friedrich Gottfried Jakob Herrmann, der bis zum Jahre 1848 als Philologe an der Universität wirkte, trat in seiner streitbaren Art in einem Bericht der Fakultät an das Ministerium vehement für die praktische Anschauung, wie sie durch Abgüsse von Antiken und originale Bildwerke ermöglicht wird, bei der studentischen Ausbildung ein – ein Urteil, das heute mit Sicherheit nicht anders ausfallen würde.

Die Behörden verschlossen sich damals dieser Argumentation nicht und bewilligten jährlich eine Summe von 200 Talern, mit denen der im Herbst 1836 berufene außerordentliche Professor für Klassische Archäologie den eigentlichen Aufbau des archäologischen Museums begann. Neben Gipsabgüssen waren vor allem Vasen, darunter 50 durch die Vermittlung des Berliner Archäologen Eduard Gerhard angekaufte Gefäße, in der ersten ständigen Heimstätte des Antikenmuseums, dem ehemaligen Konviktsaal im Mittelgebäude des Paulinums, unterzubringen. Den provisorischen Charakter dieser Lösung verdeutlichte allerdings der Umstand, daß ein Teil des Raumes mittels einer hölzernen Barriere als Vorlesungsraum abgegrenzt war. Zu den damals erworbenen Stücken zählt auch die berühmte Perseusvase (S. 87).

*Italisch rotfiguriger Glockenkrater des Tarporley Malers mit der Darstellung von Perseus und
Athena mit dem Haupt der Medusa, erstes Viertel 4. Jahrhundert v. Chr.*

Schon bald aber wurde es für die Antiken zu eng. 1843 zog die archäologische
Sammlung in die Erdgeschoßräume des linken Flügels des von dem klassizistischen
Architekten Adolf Geutebrück errichteten Fridericianums. Von diesem fast schon repräsentativen „Museum" haben wir eine gute Vorstellung aus dem Bericht über
einen Besuch des Königs Johann von Sachsen an der Leipziger Universität vom 4. bis
6. August 1857, in dem der Verfasser, F. Bülau, auch eine „Darstellung der Anstalten
und Sammlungen der Universität" gibt. Der Hauptsaal mit einer Ausstellungsfläche
von über 160 Quadratmetern wurde von fünf hohen Säulen getragen und diente zur
Aufnahme der schon beachtlichen Zahl größerer Gipsabgüsse. Die Originale fanden
ihren Platz in einem kleinen Nebenraum auf der Hofseite, die Vasen in einem zwei-
seitigen Schrank, die übrigen Antiken, Materialproben und Gemmenabdrücke auf
Schautischen in den Fensternischen. Und noch etwas ist bemerkenswert an dieser
Lehrsammlung: Einmal in der Woche war sie unter Aufsicht des Hausmannes jeder-
mann zugänglich und das Antikenmuseum als Mittler zwischen Universität und Stadt
geboren.

Die dritte Etappe der Geschichte der Sammlung als öffentliche Einrichtung ist verbunden mit dem Namen eines Gelehrten, dem Institut und Museum die nachhaltig-
ste Prägung verdanken, Franz Studniczka. Als Nachfolger von Johannes Overbeck,
dessen Einsatz für das Museum vor allem dem Ausbau der Abgußsammlung gegolten
hatte, leitete er am Beginn seiner Amtszeit 1894 den Umzug der archäologischen Einrichtungen in den großartigen Universitätsaus- und –neubau von Arwed Roßbach,

der auch die annähernd 1400 Quadratmeter umfassenden Sammlungsräume des neuen Antikenmuseums enthielt. In vier großen Sälen und mehreren langen Galerien fand all das ausreichend Platz, was Studniczka vorgefunden hatte. Hat man die damals vorhandenen griechischen und römischen Originale vor Augen, so war dies jedoch nichts gegen das, was er wiederum seinem Nachfolger im Amt hinterlassen konnte: nicht nur eine Sammlung von Meisterwerken antiker Kunst, sondern auch eine nahezu lückenlose Zusammenstellung repräsentativer Beispiele der wesentlichen Gattungen vom Neolithikum über die Bronzezeit zur Eisenzeit im gesamten Mittelmeerraum, von den Anfängen der griechischen Kultur über die Blütezeit der archaischen und klassischen Kunst und vom Hellenismus bis zur römischen Zeit und zur Spätantike.

Der Bombenangriff des letzten Kriegsjahres hatte im wesentlichen nur den hellenistischen Saal verschont, der bei der Wiedereröffnung der Abgußsammlung anläßlich einer der traditionsreichen Leipziger Winckelmannfeiern 1955 unter Herbert Koch das Zentrum der arg reduzierten Ausstellung bildete.

Hier fanden früher auch die berühmten Leipziger Sonntagsvorträge statt, bei denen auf einer erhöhten Bühne, die durch Vorhänge verkleinert oder erweitert werden konnte, den Gästen Abgüsse vorgeführt wurden, die sich zwischen den Pfeilern des Bogenganges von den in pompejanischem Rot bemalten Wänden wirkungsvoll abhoben.

Unter Franz Studniczka waren diese Veranstaltungen zu einer gut besuchten Einrichtung der Universität geworden, und sie spiegelten seine glänzenden Beziehun-

Vortragsraum im Oberlichtsaal des Archäologischen Institutes.
Aus: Festschrift zum 500jährigen Bestehen der Universität Leipzig, Bd. 4, 1, Tf.II

gen zu den Repräsentanten aller kulturellen und kommerziellen Bereiche der Stadt wider. Verleger, Kunstsammler, Gelehrte, Studienreisende oder einfach nur Liebhaber der antiken Kultur haben dem Museum und seinem Leiter Geschenke über Geschenke gemacht.

Eduard Brockhaus, Hofrat Credner und Dr. Alfred Giesecke sind die prominentesten Stifter zahlreicher schöner Terrakottafiguren und bemalter Tongefäße. Und auch Fräulein Brockhaus brachte von ihrer Cypernreise eine Anzahl von Terrakotten mit, die sie der Sammlung übereignete.

Zu unserer großen Freude ist die Reihe der Spender und Sponsoren bis in die Gegenwart nicht abgerissen, so daß ihnen und ihren Gaben einmal eine Sonderausstellung gewidmet werden soll.

Von der Aufstellung der Originale bis 1944 vermitteln alte Fotos einen gewissen Eindruck. Auf noch heute erhaltenen schlichten schwarzen Holzsockeln und Konsolen standen die Marmorköpfe zwischen Bildern pompejanischer Wandmalerei, Kopien des Leipziger Malers Reinhold Vetter, der sie in antiker enkaustischer Technik, also mit erhitztem Wachs, in Spachtelmanier ausgeführt hat.

Auch die bedeutsame Erwerbung der Sammlung von Stilproben der griechischen Keramik, die der Privatgelehrte Friedrich Hauser in Rom angelegt hatte, führte der Sammlung 1897 eine Fülle von Meisterwerken antiker Vasenmalerei zu, die zum überwiegenden Teil ihren festen Platz in der Vasenforschung erhalten haben.

Aus dem Bereich der etruskischen Töpferkunst stammt die ausgezeichnet erhaltene schwarzfigurige Kleeblattkanne mit einem Fries von tanzenden Männern, die Efeublätter in den Händen halten (S. 90).

Alte Aufstellung im Universitätsgebäude

*Bronzener Griffspiegel aus Südrußland (Olbia),
zweite Hälfte 5. Jahrhundert v. Chr.*

*Etruskisch schwarzfigurige Kleeblattkanne der Efeugruppe
mit der Darstellung von tanzenden Männern,
zweite Hälfte 6. Jahrhundert v. Chr.*

Eine Besonderheit der Leipziger Sammlung sind die in europäischen Museen äußerst seltenen Funde aus Südrußland, die dank der Freundschaft Franz Studniczkas mit dem St. Petersburger Kollegen Oscar Waldhauer und dem Odessaer Ernst von Stern 1913 und 1917 trotz bestehender Ausfuhrverbote nach Leipzig gelangten. Eines der schönsten Stücke ist der bronzene Griffspiegel aus Olbia.

Auch die Abgabe von Doubletten der Troja-Grabungen Heinrich Schliemanns durch die Generalverwaltung der Königlichen Preußischen Museen in Berlin an das Leipziger Museum fällt in die Amtszeit Studniczkas.

Der Löwenanteil der Zugänge allerdings ist den amerikanischen Kunstfreunden E. P. Warren und John Marshall zu verdanken, die von 1901 bis 1908 und 1910 ihrem verehrten Meister Franz Studniczka eine solche Fülle der schönsten Vasen, Tonfiguren und Marmorskulpturen überließen, daß man gar nicht weiß, welche Stücke man davon auswählen soll.

*Attisch streng geometrische Amphora,
zweite Hälfte 9. Jahrhundert v.Chr.*

*Porträtkopf Alexanders des Großen aus Alexandria,
Mitte der zweiten Hälfte 2. Jahrhundert v. Chr.*

*Marmorfragment eines römischen Schiffsschnabels vor einer Rednertribüne mit der Darstellung der
Bekränzung des Agrippa, letztes Viertel 1. Jahrhundert v. Chr.*

Unter den Köpfen griechischer und römischer Herrscher und Dichter muß natürlich der kleine Marmorkopf Alexanders des Großen (S. 91) genannt werden, ein zwar posthumes aber original-hellenistisches Werk des 2. Jahrhunderts v. Chr., wahrscheinlich aus der berühmten Sammlung alexandrinischer Funde der Expedition Ernst von Sieglins stammend. Daneben sind weitere Porträts, etwa des sogenannten Vergil oder des Kaisers Tiberius, längst zum Gegenstand internationaler Forschung geworden.

Aber auch die schönen griechischen Grabreliefs klassischer Zeit sollten nicht unerwähnt bleiben, so die Stele mit der Gewandfigur einer stehenden weiblichen Gestalt aus dem frühen 4. Jahrhundert v. Chr., die trotz des flachen Reliefs eine überzeugende illusionistische Raumwirkung zeigt.

Besonderen Ruhm erlangt hat ein merkwürdiges plastisches Werk, das in der Ausstellung auf einen dunkelbraunen Sockel montiert wurde, der sogenannte Leipziger Schiffsschnabel (S. 91). Es handelt sich um das Bruchstück einer römischen Rednertribüne mit der Darstellung der Verherrlichung des Seesieges des Agrippa, den dieser über Pompeius im Jahr 36 v. Chr. errungen hatte.

Wenn wir hier schon die Schenkungen der schönsten Tonfiguren, wie das prachtvolle Erzgießermodell eines stehenden Mädchens aus Korinth nur eben erwähnen können, so sollte wenigstens ein besonders herausragendes Gefäß der frühen griechischen Töpferkunst vorgestellt werden: die große strenggeometrische Halsamphora einer attischen Werkstatt der zweiten Hälfte des 9. Jahrhunderts v. Chr., die durch ihre gespannte Form und das ebenso einfache wie durchdachte Dekorationssystem beeindruckt (S. 91).

All diese Werke und viele tausend andere haben dies Auf und Ab der Geschichte des Antikenmuseums überstanden und stehen nun zur Auswahl bereit, die neuen Schauräume der Alten Nikolaischule zu füllen, eine verlockende, aber nicht ganz leichte Aufgabe.

Die Räume eines so ehrwürdigen Gebäudes haben trotz schwerwiegender Eingriffe späterer Zeit ihre unverwechselbare Eigenart, ihre innere Struktur bewahrt, die es zu erhalten gilt. Die lichtdurchfluteten Zimmer und Säle öffnen sich geradezu den neuen Ausstellungsstücken, aber sie mahnen auch zu Behutsamkeit und warnen vor Überfüllung. Sie geben das Gefühl, aus dem vollen schöpfen zu können und fordern, nur das Beste zu präsentieren. Dennoch soll alles vertreten sein, was Generationen von Archäologen gesammelt, gekauft und geschenkt bekommen haben, wenn auch in sorgfältiger Auswahl.

Einstimmen auf das, was den Besucher in den Schauräumen erwartet, wird der überlebensgroße Torso einer bewegten weiblichen Gestalt, der am Ende des Treppenlaufes montiert ist (S. 93). Es handelt sich um die Jägerin Artemis, die als Pendant zum berühmten Apoll vom Belvedere nach dem verlorenen griechischen Bronzeoriginal des 4. Jahrhunderts v. Chr. in der römischen Kaiserzeit geschaffen wurde.

Ein Rundgang führt über die Vorgeschichte des Ägäischen Raumes, die Kultur von Kypros und die erste Blütezeit der griechischen Kunst im geometrischen und orientalisierendem Stil bis zur archaischen Zeit.

Ein Glanzlicht in diesem ersten Raum setzt der schöne archaische Kalksteinkouros aus der griechischen Handelsniederlassung Naukratis im Nildelta (S. 93).

Torso der sogenannten Artemis von Versailles,
römische Marmorkopie nach einem griechischen Vorbild des 4. Jahrhunderts v. Chr.

Kalksteinfigur eines Jünglings
aus Ostgriechenland (Naukratis), zweites Viertel
6. Jahrhundert v. Chr.

Attisch rotfiguriger Kelchkrater
der sogenannten Kertscher Gattung mit der
Darstellung von Herakles bei den Hesperiden,
erste Hälfte 4. Jahrhundert v. Chr.

Das kleine Kabinett mit der Fachwerkwand aus dem 16. Jahrhundert beherbergt die südrussischen Funde und den für den Export in das Gebiet des antiken Pantikapaion bestimmten attischen Kelchkrater mit der Darstellung der Gewinnung der Äpfel der Hesperiden durch Herakles (S. 93).

Der langgestreckte Mittelraum bleibt vollständig der schwarzfigurigen und rotfigurigen Keramik aus attischen Werkstätten des 6. und 5. Jahrhunderts v. Chr. vorbehalten, die eine Fülle von Gefäßformen und Darstellungen mythologischen und alltäglichen Inhaltes erkennen läßt.

Breit gefächert ist das Spektrum des großen quadratischen Saales mit der dünnen Gußeisensäule, um die sich ein bequemes Rundsofa legt, das zum Ausruhen und Betrachten einlädt. Dieser Raum wird von den Marmorskulpturen beherrscht; römisches Porträt kontrastiert zu griechischem Grabrelief. Unter den Köpfen und Büsten

Fragment eines spätantiken Silberblechs mit der Darstellung eines jugendlichen Athleten, zweite Hälfte 4. Jahrhundert n. Chr.

ist das Bildnis des Kaisers Tiberius in einer Nische besonders in Szene gesetzt. Ein Dionysoskopf sowie männliche und weiblichen Torsen repräsentieren den Komplex römischer Kopienplastik nach griechischen Vorbildern. Die schönen Relieffragmente stammen von klassischen Grabstelen aus Athen und ornamentverzierten römischen Architekturteilen. In den Vitrinen haben die charakteristischen Randgebiete der griechischen Kultur mit allen Gattungen Platz gefunden: Großgriechenland, Ertrurien und Alexandria.

Der schmale Gang zeigt in den Wandvitrinen Werke der Kleinkunst. Neben frühen Idolen und Götterfiguren finden sich hier liebenswürdige hellenistische Genrefiguren aus gebranntem Ton, Statuetten und Geräte aus Bronze, besonders hervorgehoben ein hoher etruskischer Kandelaber mit figürlichem Aufsatz und Blatthaltern zur Befestigung von Tonlampen.

Ein spätantikes Silberrelief mit Teilvergoldung (S. 94) schließt den Kreis der Ausstellung in doppelter Weise. Mit seiner Entstehung in der zweiten Hälfte des 4. nachchristlichen Jahrhunderts ist es eines der jüngsten Werke der Sammlung, das mit der Figur eines jugendlichen Athleten im polykletischen Typus bewußt an klassische Traditionen anknüpft.

Zum anderen gehört dieses Werk wahrscheinlich zu den ersten Erwerbungen der Sammlung, vielleicht aus dem Besitz von Johann Friedrich Christ, der seit 1739 als Professor für Poesie als erster Vorlesungen an einer deutschen Universität über Literatur und bildende Kunst des Altertums gehalten und dabei wohl auch originale Anschauungsobjekte mit einbezogen hat, zu denen wahrscheinlich die kostbare Treibarbeit zählte. Mit einer Reihe antiker Münzen, Gemmen und anderen Antiquitäten gehörte es zum Grundstock der Leipziger Antikensammlung.

Aus dieser kleinen Musterschau hat sich, wie wir darlegen konnten, im Laufe der Zeit ein Museum mit über 11 000 Inventarnummern entwickelt, von denen eine Auswahl der schönsten Stücke nun wieder zum festen Bestandteil der Leipziger Kulturlandschaft gehört.

Die Gerätesammlung zur Geschichte der Automatisierungstechnik

Im Untergeschoß der Alten Nikolaischule befindet sich eine Gerätesammlung zur Geschichte der Automatisierungstechnik. Sie wurde 1973 gegründet, von der ehemaligen Technischen Hochschule Leipzig entwickelt und steht heute unter der Leitung der Hochschule für Technik, Wirtschaft und Kultur Leipzig (FH).

Traditionell gesehen fügt sich die Sammlung gut in die Geschichte der Alten Nikolaischule ein. Gehörte durch Gottfried Wilhelm Leibniz (1646-1716) zu den berühmten Persönlichkeiten, die als Schüler an dieser Schule ihre Ausbildung erhalten hatten. Als späterer Universalgelehrter befaßte er sich unter anderem mit der Mathematik. Mit seinen Entdeckungen zur Infinitesimalrechnung (Integral, Differential) sowie zum dualen Zahlensystem hat Leibniz zwei mathematische Gebiete eröffnet, die für die heutige Regelungs- und Rechentechnik von fundamentaler Bedeutung sind.

In der Sammlung sind historische Sachzeugen (Geräte und Dokumente) der genannten Technik von etwa 1900 bis 1989 zu sehen. Gleichzeitig werden Ursprungsideen früherer Jahrhunderte dargestellt. Fliehkraftregler, mechanische und elektrische Erzeugnisse der Meß-, Steuerungs- und Regelungstechnik (MSR), kleine und große Objekte der Rechentechnik charakterisieren den Zeitabschnitt der letzten hundert Jahre.

Die gesammelten Objekte stammen aus Industriebetrieben und einschlägigen Institutionen. Annähernd 70 Mitarbeiter – Fachleute der Industrie, Hochschullehrkräfte und eine große Anzahl von Studenten – haben das bisherige Museumsgut zusammengetragen, wissenschaftlich bearbeitet und museal aufbereitet. Besonders schwierig dabei war die Lagerung der gesammelten Objekte. Anfangs wurden diese in einigen Schränken der Technischen Hochschule untergebracht. Eigene Räumlichkeiten konnten dort aber nicht zur Verfügung gestellt werden. Ein kleiner Fortschritt war daher der vorübergehende Erwerb von annähernd 40 Quadratmetern Garagenraum auf einem Werksgebäude der Brikettfabrik Neukirchen bei Borna.

Trotz dieser Erschwernisse haben die Initiatoren der Sammlung mehrere befristete Ausstellungen veranstaltet. Mit sehr großem Erfolg fand 1981 eine dreimonatige Ausstellung im Alten Rathaus zu Leipzig statt. 1984 wurde für die Gerätesammlung eine Fläche von einigen hundert Quadratmetern auf dem Dachboden eines Studentenwohnheimes in Dölitz zur Verfügung gestellt. Diese Räumlichkeiten richteten die Bearbeiter zu einem provisorischen Museum ein. Mit Stoffbahnen abgeschirmte Kojen bildeten die Ausstellungsräume und ein übersichtliches Lager für den Fundus. In diesem Museum wurden nach Voranmeldungen Museumsführungen mit Besuchern aus dem In- und Ausland veranstaltet. Vom Laien bis zum Fachmann, vom Schüler bis zum Lehrer – groß war die Zahl derer, die mit ihrem Besuch reges Interesse bekundet haben. Die Sammlung war in dieser Form bis zur Vorbereitung des Umzuges in die Alte Nikolaischule zugänglich.

Die historische Aussagefähigkeit der Sammlung ist dem ehemaligen Fachunterausschuß (FUA) „Geschichte der Automatisierungstechnik" der Kammer der Technik (KDT) zu verdanken. Da dessen Mitarbeiter Vertreter von Großbetrieben, Instituten und Technischen Hochschulen waren, konnten sie mit ihren Betriebserfahrungen und Fachkenntnissen dafür sorgen, daß die entscheidenden historischen Fakten und Objekte auf dem ostdeutschen Territorium erfaßt wurden. Nach dem Jahre 1989 ging der FUA als Fachausschuß „Geschichte der Leit- und Automatisierungstechnik" in den gesamtdeutschen Verein Deutscher Ingenieure (VDI) und den Verband Deutscher Elektriker (VDE) über.

Mit der Wiedereröffnung der Alten Nikolaischule steht nun die Gerätesammlung als Museum zur Automatisierung einem interessierten Publikum zur Verfügung.

Die Ausstellung in der Alten Nikolaischule

Die Ausstellung besteht aus zwei Teilen. Im Treppenraum des Untergeschosses der Nikolaischule befindet sich der Ausstellungskomplex „Geschichtliche Entwicklungen" und daran anschließend ein „Historisches Praktikum". Hier nicht Ausgestelltes ist in der oben genannten Hochschule, Wächterstraße 13 in Leipzig, untergebracht.

Der Ausstellungsteil der Geschichtlichen Entwicklungen zeigt verschiedene Geräte und Bauteile der Automatisierungstechnik zeitlich geordnet und weist so mit entsprechenden Erläuterungen auf einige historische Entwicklungslinien dieser Technik hin. Funktionsbereite Sachzeugen dazu stehen im Historischen Praktikum. In dieser „Ausstellung zum Anfassen" kann der Besucher mehrere Exponate selbst in Gang setzen; kompliziertere Objekte werden vom Museumspersonal vorgeführt.

Der Ausstellungskomplex „Geschichtliche Entwicklungen"

Am Eingang der Ausstellung erhält der Besucher eine Einführung in die Begriffswelt der Automatisierung. Mit kurzgefaßten Schrifttafeln wird die Stellung der Automatisierung in der menschlichen Gesellschaft und ihre Entwicklung aus der Handarbeit über die Mechanisierung geschildert. Automatisierung bedeutet die Schaffung von Vorrichtungen, die vom Menschen eingeleitete technische Vorgänge ohne weiteres menschliches Zutun selbsttätig ablaufen lassen. Sie entlastet den Menschen von strapaziöser und monotoner Arbeit und bewältigt Prozesse, die sein Leistungsvermögen hinsichtlich Umfang, Schnelligkeit und Genauigkeit überfordern.

Dieser Teil der Ausstellung ist nach den im folgenden beschriebenen Schwerpunkten geordnet, die jeweils durch Exponate belegt sind. Funktionstüchtige Geräte stehen – wie bereits erwähnt – im „Historischen Praktikum" zur Verfügung.

Fundamente zur Automatisierungstechnik Abgesehen von Regeleinrichtungen des Altertums liegen die Fundamente zur heutigen Regelungstechnik etwa in der zweiten Hälfte des 18. Jahrhunderts. Bildlich wird die klassische Konstruktion der allgemein bekannten Wasserstandsregler, wie sie 1765 von Iwan Polsunow entwickelt wurde, dargestellt und daran verdeutlicht, welche Funktionsteile zu einer Regelungseinrichtung – Meßeinrichtung, Regler, Stelleinrichtung usw. – gehören.

Nach einer Werkstattzeichnung von Boulton & Watt etwa aus dem Jahre 1788 wird James Watts Idee zur Drehzahlregelung von Dampfmaschinen mit dem Fliehkraftregler gezeigt, wie dieser besonders im 19. Jahrhundert eine große Rolle in der Maschinentechnik gespielt hat.

Elektrotechnik ab 1820 Die Entdeckungen elektrischer Erscheinungen und deren Gesetzmäßigkeiten haben der Menschheit zu großen technischen Errungenschaften verholfen. Ausgehend von der Entdeckung der Ablenkbarkeit einer Magnetnadel mit Hilfe elektrischer Ströme (Oersted 1820) wurde das Prinzip der Elektromechanik gefunden. Drei Arten elektromechanischer Geräte sind dabei besonders interessant: elektrische Meßinstrumente, Elektromotoren und Relais (elektromagnetische Schalter); einige dieser Geräte sind ausgestellt. Die Erfindung des Relais etwa 1837 führte über die Elektronenröhre (seit 1906) und den Transistor (seit 1947) zur integrierten Schaltung (etwa seit 1960, S. 99). Jede der genannten Etappen übte einen gravierenden Einfluß auf die Elektrotechnik aus. Mit dem Relais wurde es beispielsweise möglich, Telegrafieverbindungen über wesentlich längere Leitungen zu betreiben als ohne Relais. Mit der Röhre kam die Elektronik, die auch zur raschen Verbreitung der Funk- und Radiotechnik führte. Der Transistor machte die Herstellung sehr kleiner und leicht transportabler Geräte mit geringem Stromverbrauch realisierbar. Die integrierten Schaltungen, besonders die jüngste mikroelektronische Bauweise mit ihrer extremsten Miniaturisierung, ebneten die Wege zur Fortentwicklung elektronischer Erzeugnisse mit unbegrenzten technischen Möglichkeiten. Einige der genannten Bauelemente befinden sich unter den Ausstellungsobjekten.

Konstruktive Entwicklung ab 1889 Die genannten Bauelemente vom Relais bis zur integrierten Schaltung beeinflußten die Gestaltung der elektrischen Geräte. Exponate von etwa 1889 bis zur Gegenwart belegen das. Anfangs, als man nur das Relaisprinzip kannte, montierte man einzelne Teile nur nach funktionellen Gesichtspunkten zusammen. Ausgestellte Sachzeugen mit Röhren – ein Rundfunkgerät von 1930, ein Regler von 1955, ein Meßgerät von 1961 – zeigen die Entwicklung der Bauweise auf „Chassis". Die Geräteteile wurden auf Grundplatten (meist aus Metall) montiert, ihre Schaltung verdrahtet und das Ganze in ein Gehäuse eingeschoben. Mit den Transistoren fiel dann die umständliche Verdrahtung weg und wurde durch die „Leiterplattentechnik" ersetzt. Nach dieser Methode werden die Verbindungsleitungen als dünne Filmbahnen auf Isolierplatten aufgedruckt. Als kleinste Ausführung einer Schaltung ist eine geöffnete integrierte Schaltung zu sehen, die in „monolithischer" Technik auf einem Halbleiterkristallplättchen (Chip) von etwa 1 Quadratmillimeter Fläche und etwa 0,3 Millimeter Dicke untergebracht ist. Als Gegensatz wird der Besucher mit der großen Anzahl von Bauelementen konfrontiert, die für die gleiche Schaltung in Röhrentechnik erforderlich wäre. Damit erschließt sich der enorme Sprung von der aufwendigen Röhrenelektronik zur radikalen Miniaturisierung mit der Mikroelektronik. Mit dieser Miniaturisierung trat eine lawinenhafte Verbreitung der Elektronik ein. Kleine Taschenrechner, kleinste Radioempfänger, automatische Waschmaschinen, Fernsehgeräte mit beliebig vielen fernbedienbaren Funktionen, Großrechner, europaweit ausgedehnte Computernetze, so beispielsweise im Sparkassenbetrieb, Verkehrsleiteinrichtungen und unendlich viele andere Erzeugnisse sind heute damit realisierbar.

In ähnlicher Weise berichtet dieser Ausstellungsteil noch über historische Beispiele der Betriebsmeßtechnik und Technik von Regelgeräten, über konstruktive Vereinheitlichungen und abschließend über die Vervollkommnung der Automatisierungstechnik durch Einbeziehung der Rechentechnik.

Das „Historische Praktikum"

Aus der Vielzahl der funktionsbereiten Geräte seien die folgenden näher erläutert:

Fliehkraftregler Ein großer Fliehkraftregler (S. 100), wie er der Idee von Watt entspricht, steht am Eingang des Praktikums.

Das Funktionsprinzip des Fliehkraftreglers ist mechanisch. Mit seiner Einführung hat James Watt der Antriebsmaschinentechnik den Weg zu ihrer breiten Anwendung eröffnet. Später haben James Clerk Maxwell, Iwan Alexejewitsch Wischnegradskij und andere aus den daran gesammelten Erfahrungen die heute noch gültigen Regelungstheorien entwickelt. Die Funktion des Fliehkraftreglers von der Bewegung der Kugelpendel bis zur Steuerung der Drosselklappe kann am Exponat beobachtet werden.

Vom Relais zur integrierten Schaltung. Von links nach rechts: Relais, etwa 1900, 1977; Röhren, etwa 1930, 1977; Transistor, 1956; integrierte Schaltung, 1977

Sehr kleine Fliehkraftregler – ein Exemplar in einem Plattenspielermotor der dreißiger Jahre und ein Exemplar an der Wählscheibe eines Telefonapparates älterer Bauart – werden ebenfalls gezeigt.

Anlage einer Kesselregelung Auf einer Tafel wird der Plan einer ehemaligen Automatisierungsanlage demonstriert. Die Anlage war 1939 im Heizwerk Oelsnitz, Erzgebirge, von der Firma Siemens installiert worden. Sie diente zur automatischen Erzeugung von Dampf für Heizzwecke. Auf dem Plan ist zu erkennen, wie eine Anzahl physikalischer Größen (Brennstoffmenge, Luftzufuhr, Temperaturen u.a.) gleichzeitig gemessen und eingestellt wurde. Das geschah selbsttätig.

Ein Teilkomplex dieser Anlage unter der Bezeichnung „Luftversorgung zum Feuerungsraum" steht für den Besucher zum Experimentieren bereit. Es wird gezeigt, wie die damaligen Konstrukteure das Problem gelöst hatten, die notwendige Luftzufuhr auf einem vorgegebenen Sollwert konstant zu halten. Von der Erfassung des Istwertes der Luftzufuhr mit der Meßeinrichtung bis zur automatischen Korrektur der Luftzufuhr mit der Stelleinrichtung sind die technischen Einzelfunktionen deutlich zu beobachten. Physikalisch laufen sie pneumatisch, mechanisch und elektrisch ab. Es ist zu erkennen, wie der Luftdurchfluß in einen Druck gewandelt wird, der Druck in eine Drehbewegung, die Drehbewegung in eine elektrische Größe und diese in die mechanische Drehbewegung einer Drosselklappe. Nach dem damaligen technischen Stand war das eine optimale Lösung.

Pneumatische Regelungseinrichtung Pneumatische Geräte haben gegenüber anderen Ausführungsformen gewisse Vorzüge, die man in den vergangenen Jahrzehnten besonders nutzte. Sie bestanden in einer hohen Zuverlässigkeit im industriellen Ein-

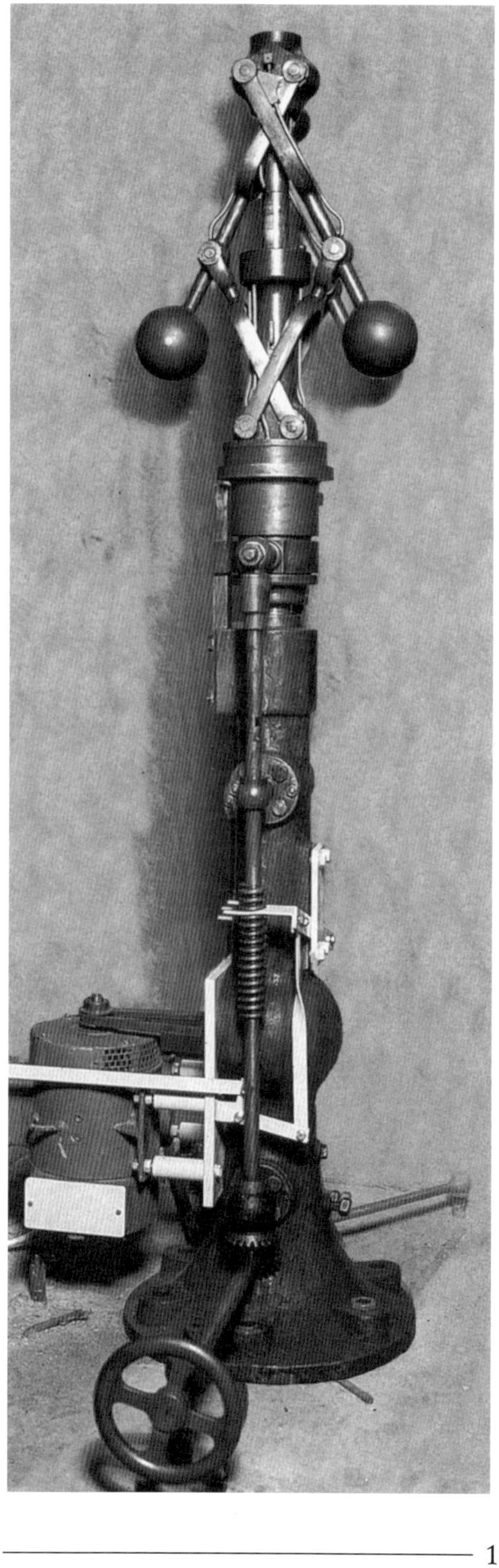

*Fliehkraftregler zur Drehzahlreglung
einer Dampfmaschine von 250 PS (ca. 180 kW),
ehemaliger Einsatzort Betrieb Technische Textilien
Meerane(bei Chemnitz), Bauhöhe 2,10 m,
Baujahr 1923*

Großer Analogrechner mit Röhren, um 1960

satz (auch bei ungünstigen Umweltbedingungen), in einer Explosionssicherheit (keine Funkenbildung) sowie in der Einfachheit ihres Aufbaus und ihrer Wartung.

Die aufgebaute Einrichtung zeigt einen pneumatischen Regler, an dem ein pneumatisch angetriebenes Ventil als Stelleinrichtung angeschlossen ist. Kernstück des Reglers ist ein sogenanntes „Düse-Prallplatte-System". Der Ventilantrieb ist eine Membran, auf die der Ausgangsdruck des Reglers wirkt. Der Besucher kann diese Einrichtung selbst in Gang setzen und dabei das Funktionieren der gesamten Einrichtung (mechanische Bewegungen, Druckverhältnisse) genau beobachten.

Der Regler wurde in den fünfziger Jahren im Meßgerätewerk Quedlinburg hergestellt; sein Vorläufer stammte aus den dreißiger Jahren von der Firma Steinle & Hartung. Derartige Regler wurden zur Regelung in Heiz- oder Kühlanlagen, Vulkanisiereinrichtungen, Klimaanlagen und anderem eingesetzt. Vielfachen Einsatz fanden sie beispielsweisez in den Chemischen Werken Buna (Schkopau) oder Leuna-Werken (bei Merseburg).

Elektropneumatische Temperaturregelanlage In der Automatisierungstechnik gelangte man oft zu günstigsten konstruktiven Erzeugnissen, indem man verschieden Energieformen kombinierte und damit deren jeweilige Vorteile ausnutzte. Eine derartige Anlage war auch für Einsatzfälle vorgesehen, die sich über weite territoriale Entfernungen erstrecken konnten. So durfte die Entfernung zwischen Meßeinrichtung und Regler mehrere hundert Meter und die Entfernung zwischen Regler und Stelleinrichtung mehrere Kilometer betragen. Für die Übertragung der Meß- bzw. Regelgrößen über so lange Strecken eignet sich am besten die elektrische Energieform. Gleiches gilt für den Vorgang im Regler. Die Stelleinrichtung dagegen, das mechanisch arbeitende Ventil, wird am günstigsten pneumatisch über eine Membran angetrieben.

Ein solcher Gerätekomplex (S. 102) steht dem Besucher zur Bedienung zur Verfügung. Er wurde in den fünfziger Jahren vom Meßgerätewerk Quedlinburg hergestellt, war zur Konstanthaltung von Temperaturen in chemischen Betrieben, Klimaanlagen oder ähnlichem vorgesehen und wurde in Betrieben wie den Chemischen Werken Buna oder den Leuna-Werken eingesetzt.

Exponate zur Rechentechnik Von Rechnern kleinerer Bauart werden folgende Exemplare gezeigt: Rechenbrett (Rußland, 80er Jahre, Prinzip des „Abacus" aus dem Altertum), Rechenschieber (Deutschland, bis etwa 70er Jahre weit verbreitet, seit etwa 1600 bekannt), Rechengerät mit Zahnstangen (etwa 20er Jahre), Tischrechner mit Kurbelantrieb (Bauart bereits Ende 19. Jahrhundert üblich, Prinzip auch schon von Leibniz angewandt), Tischrechner mit Elektromotorantrieb (etwa ab 30er Jahre), elektronischer Tischrechner (Ostdeutschland, etwa 50er Jahre), erster Taschenrechner Ostdeutschlands (1974). Alle genannten Exemplare sind funktionsbereit.

Konstruktiv interessant ist ein ausgestellter großer Rechner mit Elektronenröhren (S 100, hergestellt um 1960), der als sogenannter „Analogrechner" zur Berechnung mathematischer Zusammenhänge (Differentialgleichungen) für Regelungseinrichtungen diente.

Gegen Ende der sechziger Jahre begann in Ostdeutschland die Installation großer „digitaler" Recheneinrichtungen, beispielsweise als „Prozeßrechner" zur automatischen Steuerung und Regelung von Produktionsprozessen. Auch hierzu werden

Elektropneumatische Regeleinrichtung, 1955

Sachzeugen aus den sechziger und siebziger Jahren vorgestellt. Zu dieser Zeit war die Röhrentechnik schon von der Halbleitertechnik (Transistoren, integrierte Schaltkreise) abgelöst worden. Die Weiterentwicklung der Rechentechnik führte über die Bildschirmgerätetechnik zum Einsatz von Industrierobotern und machte damit die Realisierung automatischer Fabriken möglich. Zwei Rechner mit Bildschirmgerät stehen funktionsbereit im Historischen Praktikum: Ein „Mikrorechnersystem" aus den Chemischen Werken Buna von 1981 und ein „Arbeitsplatzcomputer" von etwa 1985.

Die digitalen Rechner sind zählende Rechner, die nach dem von Leibniz begründeten Dualsystem arbeiten.

Außer den genannten sind weitere Exponate in ähnlicher Form im Historischen Praktikum ausgestellt. Zudem vermitteln Schautafeln dem Besucher einen Einblick in Einsatzobjekte des Zeitraumes 1889 bis 1974, die mit Meß-, Steuerungs- und Regelungseinrichtungen ausgerüstet waren, so die Schalttafel im königlichen Schloß zu Berlin (1889), Schaltwarten des Wasserkraftwerkes Ziegenrück (1900) und eines Großkraftwerkes (1923), ein automatisiertes Bohr- und Fräswerk (6oer Jahre), die 500 MW-Turbine Hagenwerder (1974) und andere.

Es ist nicht ganz leicht, die Geschichte der Automatisierungstechnik museal so darzustellen, daß ein möglichst breiter Besucherkreis davon profitiert. Ausstellungsstücke dieser Art sprechen nicht ohne weiteres für sich selbst. Eine gewisse Vertiefung in die Problematik des einen oder anderen Objektes ist daher zu empfehlen. Dieses Anliegen wird von den Museumsmitarbeitern mit Schautafeln bzw. gelegentlichen Führungen verfolgt. Die Objekte des hier beschriebenen Zeitraumes zeugen von einer hohen Kreativität ihrer Konstrukteure. Im Gegensatz zu den heutigen automatisierungstechnischen Erzeugnissen sind die Exponate funktionell gut durchschaubar und vermögen deshalb vor allem auf junge Besucher konstruktiv schöpferisch zu wirken.

Kultur-Café „Alte Nikolaischule"

Name, Ort und Geschichte des Hauses verpflichten auch die Betreiber des im gesamten Erdgeschoß untergebrachten Cafés. Verpflichten im kulturellen und historischen Sinne, denn der Auftrag der Kulturstiftung Leipzig lautet: Einrichtung und Betreibung eines „Kulturcafés" in Verbindung mit der im zweiten Obergeschoß gelegenen Aula, die Raum für Kleinkunstveranstaltungen vielfältigster Art bietet. Die Gleichwertigkeit von Kultur und Gastronomie ist selten anzutreffen; allzuoft zwingt ökonomischer Druck zu gastronomischer Einseitigkeit. Die Leipziger und den Besucher der Pleißenmetropole erwartet nun ein Konzept von Kultur und Gastronomie unter einem Dach, und zwar dem der Alten Nikolaischule.

Schon bei der Einrichtung des Cafés wurde darauf geachtet, daß sich für kulturelle Zwecke bestimmte räumliche Möglichkeiten ergeben, daß ein Ambiente entsteht, welches eine sinnliche und musisch-geistige Anregung vermittelt. Dem kulturellen Auftrag entsprechend sollen immer wieder neue, originelle Angebote entwickelt werden, die einem bestimmtem Lebensgefühl, Zeitgeist, einer gewissen Unkompliziertheit und Ungewöhnlichkeit Rechnung tragen. Große Bedeutung erhalten in diesem Zusammenhang Livemusik, Gespräche, Diskussionen, Film und anderes mehr.

Um die gegenseitige Bedingtheit von Kultur und Gastronomie zu gewährleisten, werden verschiedene Möglichkeiten angeboten, die beispielsweise den Ablauf des Abends betreffen; Gastronomie darf nicht als Störfaktor erscheinen und umgekehrt. Dazu gehören auch Überlegungen, Diskussionen „vom Podium zu holen", Veranstaltungen eben nicht steif als „Veranstaltungen" ablaufen zu lassen. Ein wichtiges Moment besteht darin, Elemente der Kleinkunst in den abendlichen gastronomischen Alltag einzubinden. Eine andere Überlegung geht dahin, Leipziger Künstlern, die im Augenblick keinen Ort des geistigen Austauschs haben, einen solchen zu bieten; auch Möglichkeiten zu schaffen, sich auf ungewohnte Weise auszuprobieren, so daß eine Atmosphäre entstehen kann, die die Gesamtabsicht des Cafés hinsichtlich Spontaneität, Spaß und Unterhaltung umsetzen hilft.

Höhepunkt sind Veranstaltungen, die das ganze Haus einbeziehen. Unter einem bestimmten Thema werden unterschiedliche künstlerische Genres zusammengeführt, wobei der Mitwirkung der Gäste besondere Bedeutung zukommt, auch um einem bestimmten „Konsumentenverhalten" entgegenzuwirken. Dieser Gedanke führt bis zu dem Versuch, die Gastronomie dem abendlichen Motto unterzuordnen, so daß die Gastronomie selbst zum kulturellen Erlebnis wird.

Kultur fängt im Café natürlich beim Essen und Trinken an. In diesem geschichtsträchtigen Haus fühlen sich die Betreiber besonders der historischen Leipziger Küche verpflichtet. Wir haben in den letzten Jahren viele Rezepte gesammelt und ausprobiert. Bei der Beschäftigung mit derlei Lektüre stößt man gerade im Leipziger Raum auf sehr viel Fischrezepte. Dabei hat sich herausgestellt, daß in einem Kochbuch um 1745 fünfmal mehr Fischgerichte als beispielsweise Schweinefleischgerichte aufgeschrieben sind. Und das, obwohl Schweinefleisch als besonders deftig, bodenständig und typisch sächsisch gilt. Vielmehr gab es durch die Aue- und Flußlandschaft ein sehr reichhaltiges Angebot an Fischen, Krebsen und anderen Wassertieren. Gerade die Flußkrebse, die heute zu den Hits in so manchem Gourmettempel zählen, wurden sehr häufig serviert. Nicht zuletzt beim Leipziger Montags-Resteressen-Eintopf, dem berühmten Leipziger Allerlei! Je weiter man sich von Leipzig entfernt, um so dichter werden die Handelseinrichtungen, die ihre Mischgemüsevariationen als Leipziger Allerlei anbieten. Bitte probieren Sie es gar nicht erst: Leipziger Allerlei besteht aus Saisongemüse, Morcheln und Krebsschwänzen, eben den Resten, die vom Sonntagsessen am Montag noch übrig waren. Und da es seit der Trockenlegung des Auewaldes keine Morcheln und spätestens nach Chemisierung der Pleiße auch keine Flußkrebse mehr gibt, erweist sich die Bezeichnung der eben erwähnten Konserven halt doch nur als Etikettenschwindel.

Schwierig wird es, in alten Kochbüchern das speziell Leipzigerische ausfindig zu machen. In Leipzig, Handelsstadt von europäischem Rang, stand damals vieles zur Verfügung. Man stellt immer wieder fest, daß vor allem Waren aus dem Süden verarbeitet wurden. So wird beispielsweise sehr viel Zitrone verwendet. Auch findet man das orientalische Gewürz Kardamon wieder. Es ist im Warenaustausch auf den mittelalterlichen Handelsstraßen über Nürnberg auch nach Leipzig gekommen. In Nürnberg hat es die Lebkuchen berühmt gemacht; in Leipzig wurde es hauptsächlich zum Würzen von Suppen und Nachspeisen verwendet. Der heutige Zeitgeschmack kommt erst einmal ohne Kardamon aus. Im Café „Alte Nikolaischule" werden Sie es wieder probieren können …

Der Renaissanceraum im ersten Obergeschoß nach der Restaurierung

Trennwand zum Flur im ersten Obergeschoß mit Befundsituation, 1991

*Das alte Vorhaus
nach der Restaurierung,
1994*

*Holzdecke
im alten Vorhaus
nach der Freilegung,
1992*

Gemaltes Stadtwappen über dem Hauptportal auf der Fassade zum Nikolaikirchhof (während der Freilegung 1993)

Vorlage zur Rekonstruktion des Stadtwappens (Sven Oemig)

1395	Durch Urkunde des Papstes Bonifatius IX. Bevollmächtigung von Bürgermeister und Ratsherren der Stadt Leipzig zur Errichtung einer Stadtschule auf dem Nikolaikirchhof oder in dessen Umgebung.
1490	Aktenkundliche Erwähnung einer Privatschule unter dem Namen Schola Nicolaitana.
1498	Ratsbeschluß vom 14. März zur Errichtung der Stadtschule auf dem Nikolaikirchhof.
1510	Erneuter Ratsbeschluß vom 26. September zur Errichtung der Schule.
1511	Rohbau
1512	Das Gebäude im Herbst einschließlich Ausstattung seiner Schulstuben fertiggestellt. Magister Johannes Rumpfer wird erster Schulmeister.
1518-1524	Schließung der Schule wegen Pest, aber vor allem geringer Schülerzahl.
1521-1535	Unter Rektor Magister Johannes Musler Aufschwung der Schule und steigende Schülerzahl.
1530	Erneuerung des Schulhauses.
1539	Die evangelische Lehre in Leipzig eingeführt. Damit verbunden auch die Reformation der Nikolaischule. Magister Wolfgang Meurer als erster lutherischer Rektor tätig.
1547	Erhöhung der Lehrerzahl auf sieben.
1553	Vermutlich steinerner Neubau in Traufenstellung.
1597	Unter dem regierenden Baumeister Jacob Griebe das Schulgebäude mit einem der drei Predigerhäuser und der Küsterwohnung dreigeschossig neu aufgebaut.
1611	Unter Rektor Magister Johann Friedrich, auch genannt Friderici, Publikation einer neuen Schulordnung.
1631	Reformierung der Schule.
1638/39	Zeitweilige Schließung wegen Pest während des Dreißigjährigen Krieges.
1658-1661	Gottfried Wilhelm Leibniz (1646-1716) Schüler.
1665-1770	Christian Thomasius (1655-1718) Schüler.
1770-1776	Jakob Thomasius Rektor.
1671	Unter Thomasius zwei Schulvisitationen.
1673	Bauliche Verbesserung des Schulgebäudes.

1679/80	Nach der Pest äußere Erneuerung der Schule. Dabei auch Geschoßerhöhung der beiden benachbarten Predigerwohnungen. Die drei Gebäude jetzt in einer Traufenhöhe.
1699-1733	Ludwig Christian Crell Rektor.
1716	Unter Ludwig Christian Crell neue Schulordnung.
1729/30	Das Nachbargrundstück Nikolaikirchhof 1 geht in städtischen Besitz über, wird anschließend in Stein als Traufenhaus neu erbaut.
1738	Äußere Reparatur der Schule. Die Jahreszahl war im Wappen enthalten.
1747	Auf Veranlassung des Vizekanzlers und Bürgermeisters D. Jacob Born Erbauung eines steinernen Treppenhauses.
1758-1774	Johann Jakob Reiske Rektor.
1767	Born betreibt Umwandlung in Realschule, aber nur teilweise realisiert.
1773	Auf landesherrlichen Befehl erneuerte Schulordnung für lateinische Stadtschulen der kursächsischen Lande.
1779/80	Johann Gottfried Seume (1763-1810) Schüler.
1781	Unter Magister Georg Heinrich Martini Gründung einer eigenen Schulbibliothek.
1812	Die Erdgeschoßklassenräume zunächst den französischen, später den württembergischen Truppen bei ihrem Marsch nach Rußland als Quartiere eingeräumt.
1813/14	Teilnutzung durch die Bürgerschule, da deren Gebäude nach der Einnahme Leipzigs als Militärhospital genutzt wurde.
1820	Unter Rektor Magister Albert Forbiger neue Schulordnung.
1827	Vergrößerung der Schule durch innere Verbindung mit dem Eckhaus Nikolaikirchhof 1. Einrichtung eines Redesaales im zweiten Obergeschoß.
1828-1830	Richard Wagner (1813-1883) Schüler.
1836	Erhöhung der Türen im Großen Auditorium/ Erdgeschoß.
1854	Große Sprünge im Eckhaus. Auf Anordnung von Stadtbaudirektor Albert Geutebrück kolossale Anker zur Umklammerung der Umfassungsmauern.
1858	Die Kauf- und Meßgewölbe im Erdgeschoß des Eckhauses mit Schaufenstern geöffnet.
1859	Wiederherstellung des Stadtwappens über dem Hauptportal unter Rektor Nobbe.
1872	Übersiedlung in das neue Schulgebäude in der Königstraße.
1873-1945	Multikommunale Nutzung und Vermietung des alten Schulhauses verbunden mit baulichen Veränderungen.
1953	Karl-Marx-Universität Leipzig als neuer Rechtsträger und Nutzer. Später auch Nutzung durch die Bau- und Handelshochschule Leipzig.
1976	Sperrung des gesamten Gebäudes durch die Bauaufsicht.
1986	Abbruch der Hofgebäude und des Treppenhauses.
1990	Am 10. Oktober durch Beschluß der Stadtverordnetenversammlung an die Kulturstiftung Leipzig übertragen.
1991-1994	Sanierung.

QUELLENVERZEICHNIS
(Auswahl)

Aktenbestand im Stadtarchiv Leipzig in chronologischer Folge:

Nikolaischule Nr. 257. Nova Constitutio Lectionum et Exercitiorum Scholae Senatoriae cum adiunctis Legibus de Officio Decentium et Discentium in vita, moribus, studiis. Schulordnung 1611

Nikolaischule Nr. 258. Visitation der Nikolaischule und der Thomasschule. 1619 und 1631

Nikolaischule Nr. 271. Acta Nicolaitana et Thomana. Aufzeichnungen von Jacob Thomasius während seines Rektorats an der Nikolai- und Thomasschule zu Leipzig 1670-84 (Hrsg. von Richard Sachse, Leipzig 1912); Nr. 256. Ordnung der Schulen zu St. Nicolai. Publiciret den 1. Oktober 1716

L XII. H. 5: Acta Das von Frauen Marien Magdalenen Holzelin erkauffte, an Nicolas-Kirch-Hofe allhier gelegene Hauß betr. Anno 1729

Nikolaischule Nr. 277. Nachrichten über die Nikolaischule 1716-1770; Nr. 60. Berichte über Begebenheiten 1761-95; Nr. 315. Inventarium 1775; Nr. 276. Inventarium 1797; Nr. 246. Friedrich Gottlob Hoffmann. Versuch einer historischen Beschreibung der beyden Lateinischen Stadtschulen zu S. Thomä und zu S. Nicolai in Leipzig. Leipzig um 1800 (Nachträge bis 1840); Nr. 329. Ansichten, Wünsche und Vorschläge zur Verbesserung der Nikolaischule. 24.1.1820 von Albert Forbiger; Nr. 235. Schulordnung der Nikolaischule 1820; Nr. 151, Beiträge zur Geschichte der Nikolaischule von Albert Forbiger, Leipzig 1826; Nr. 299. Statistische Nachrichten über die Nikolaischule 1730-1830

Tit. XXIV. C.43: Acta Das Gebäude am Nikolaikirchhof No. 754 betreffend. 1833

Stift. VIII. C. 13. Acta Reparaturen in dem Nicolaischulgebäude betreffend. Vol. I-III

Cap. 57 A No. 5: Acta die Vermietungen im früheren Nicolaischulgebäude btr. Vol. I-III ab 1860

Cap. 57 A No. 6: Acta das alte Nicolaischulgebäude btr. Bd. I-III ab 1877

Nikolaischule Nr. 275. Inventarium 1872 (betrifft hauptsächlich den Neubau in der Königstraße)- Tit. XXIV. CC, 30, Vol. 16: Andersens Häuserchronik, fol. 5602

Tit. XXIV. CC, 30, Vol. 16: Andersens Häuserchronik, fol. 5602

Tit. XXIV. CC 1a Vol. I: Barthels Häuserchronik, fol. 257 f.

Bildquellen:

Antikenmuseum der Universität Leipzig S. 87–94

Architekturbüro Storch-Ehlers, Hannover, und Rüdiger Sudau, Leipzig S. 74

Gerätesammlung zur Geschichte der Automatisierungstechnik (Fotos Wolf Frieder Miersch) S. 99, 100, 102

Mittelsächsisches Schulmuseum Leipzig S. 22, 40

Museum für Stadtgeschichte Leipzig S. 12, 13, 15, 26, 27, 30, 32–34, 38/39, 40, 50, 55, 58

Stadtarchiv Leipzig Frontispiz, S. 12, 36, 52–54

Beschreibende Darstellung der älteren Bau- und Kunstdenkmäler des Königreichs Sachsen. 17. Heft: Stadt Leipzig (I. Theil). Bearb. von Cornelius Gurlitt. Dresden 1895

Bischoff, Ernst Friedrich: Das Lehrerkollegium des Nicolaigymnasiums in Leipzig 1816-1896/97. Biographisch-bibliographische Beiträge zur Schulgeschichte. Wissenschaftliche Beilage zum Jahresbericht des Nicolaigymnasiums in Leipzig. Leipzig 1897

Czok, Karl: Die Nikolaikirche Leipzig. Leipzig 1992

Dehio, Georg: Handbuch der deutschen Kunstdenkmäler. Band I. Mitteldeutschland. Dritte Auflage, Berlin 1927

Ders.: Die Bezirke Dresden, Karl-Marx-Stadt, Leipzig. Neubearbeitung durch die Arbeitsstelle für Kunstgeschichte bei der Akademie der Wissenschaften zu Berlin. Berlin 1965

Friedrich, Fritz: Geschichte der Nikolaischule zu Leipzig von Ostern 1916 bis Ostern 1927. Leipzig 1929

Ders.: Festschrift zur Feier des 425jährigen Bestehens der Nikolaischule zu Leipzig, 8. und 9. Mai 1937.

Gold, Anett; Petermann, Klaus: Die Geschichte der Nikolaischule von den Anfängen 1395 bis 1945. Diplomarb. Leipzig 1988

Hocquél-Schneider, Sabine: Alte Nikolaischule am Ende der Sanierung. In: Leipziger Blätter 24/1994

Dies.: Neues von der Alten Nikolaischule. In: Leipziger Blätter 20/1992

Kaemmel, Otto: Geschichte des Leipziger Schulwesens vom Anfang des 13. bis gegen Mitte des 19. Jahrhunderts (1214-1846). o.O. 1909

Küas, Herbert: Rekonstruktion einer spätgotischen Ofenkachel mit dem Leipziger Stadtwappen. In: Sonderdruck aus Forschungen zur Vor- und Frühgeschichte. Leipzig o.J. (1953)

Pannicke, Kurt: 460 Jahre Nikolaischule Leipzig. In: Sächsische Heimatblätter, H. 4, 17. Jhg. 1971

Schiessl, Ulrich: Untersuchen und Dokumentieren von bemalten Holzdecken und Täfelungen. Bern; Stuttgart 1991

Schlössle Oberlenningen. Baugeschichte und Sanierung 1983-1992/hrsg. von Walter Aldinger und Johannes Cramer. Lenningen 1992

Tittel, K.: Die Nikolaischule 1512-1912. Jubiläumsschrift zur Feier des 400jährigen Bestehens am 22., 23. und 24. Mai 1912. Leipzig 1912

Urkundenbuch der Stadt Leipzig. I. Band, Leipzig 1868

Winkler, Friedemann: Fundbericht und Auswertung zur Fundstelle II am Südrand der Baugrube Nikolaistraße 6-10. Masch.-Man. 16.11.1993

Wustmann, Gustav: Das Leipziger Stadtwappen. Seine Geschichte, seine Gestalt, seine Bedeutung. Leipzig 1897

Ders.: Urkundliche Beiträge zur frühesten Geschichte der Nicolaischule. Leipzig 1898